Lojze Wieser • Geschmackshochzeit 2 | Il matrimonio del gusto | Svatba okusov

Herausgegeben vom Tourismusverband Klagenfurt
Izdajatelj: Turistična organizacija Celovec
Editore: Ente del Turismo di Klagenfurt

Lojze Wieser

GESCHMACKS-HOCHZEIT 2

Die Vermählung von Alpen und Adria

Il matrimonio del gusto | L'unione delle Alpi e dell'Adriatico

Svatba okusov | Poroka Alp in Jadrana

Wieser

Dieses Buch ist gefördert durch Land Kärnten Kultur und STRABAG

LAND KÄRNTEN
Kultur

STRABAG
TEAMS WORK.

Wieser

9020 Klagenfurt/Celovec, 8. Mai-Straße 12
T +43(0)463 37036, office@wieser-verlag.com. www.wieser-verlag.com

Fotos: Helge Bauer, Mayü Belba, Arnold Pöschl, Franz Gerdl, pixelpoint multimedia, kaerntenphoto, Lojze Wieser, visitklagenfurt, Klagenfurt. Marketing.

Ins Slowenische: Alina Carli
Ins Italienische: Martina Kafol, Arianna Micelli
Das Bildmaterial der einzelnen Produzentinnen/Produzenten, Köchinnen/Köchen und Restaurants wurde von diesen zur Verfügung gestellt.
Lektorat: Josef Pichler, Gestaltung: Atelier Kreuzer
ISBN 378-3-99029-472-7

Lojze Wieser

Geschmackshochzeit 2 | Die Vermählung von Alpen und Adria
Il matrimonio del gusto 2 | L'unione delle Alpi e dell'Adriatico
Svatba okusov 2 | Poroka Alp in Jadrana

Ante scriptum

SPURENSUCHE in einer Region, die alle Voraussetzungen hat, zu einer Trendumkehr in der Ernährung und der Zubereitung der Speisen beizutragen.

AUF DER SUCHE NACH GESCHMACK hinter dem Geschmack – Produkte im Reigen der Jahreszeiten reifen zu lassen und veredelt auf den Teller zu bringen;

DEN PRODUKTEN ZEIT ZUM WACHSEN GEBEN und die BESONNENHEIT und Langsamkeit zum Qualitätsmerkmal machen.

VORARBEITEN für eine dem heutigen Stand der Technik und den modernen Verarbeitungsmöglichkeiten geschuldete naturnahe Kochkunst, die sowohl die mitgebrachten Erfahrungen aus alter, vorheriger Zeit einbindet und die bewusst und selbstsicher auch die um uns wachsenden Wildkräuter von Flur und Wald zur Eroberung neuer Geschmacksharmonien nutzt, beimischt und so den Horizont öffnet.

FAST VERGESSENES Wissen wird zunehmend zum Schlüssel, um vom Grund auf Neues zu entwickeln und zu experimentieren.

DIE ALPEN-ADRIA-REGION als Biotop der Vermählung von Alpen und Meer, die außerordentliche Spannungsbögen erlaubt;

HOFFNUNGSFROH kann gespeichertes Wissen neuerlichen Erfahrungen unter gewonnenen zusätzlichen Möglichkeiten zu Anstößen verhelfen, wo das Wohlergehen von Natur, Klima und Mensch durchs eigene Tun erneuert und verbessert werden.

Ante scriptum

ALLA RICERCA DI TRACCE in una regione che ha tutti i presupposti per contribuire a un'inversione di tendenza nell'alimentazione e nella preparazione dei piatti.

ALLA RICERCA DEL GUSTO
dietro il gusto – far maturare i prodotti nel corso delle stagioni e portarli nel piatto impreziositi;

CONCEDERE AI PRODOTTI IL TEMPO PER CRESCERE e fare della SENSIBILITÀ e della lentezza un segno di qualità.

PREPARARSI per un'arte culinaria vicina al naturale, oggi anche resa possibile dalla tecnologia e dalle molte possibilità di lavorazione, che fonde sia le esperienze acquisite nei tempi antichi, che la consapevolezza e la sicurezza nel utilizzare anche le erbe spontanee che crescono intorno a noi, nei campi e nelle foreste, per raggiungere nuove armonie di gusto, mescolarle tra di loro e allargare così l'orizzonte.

La conoscenza QUASI DIMENTICATA sta diventando sempre più la chiave per sviluppare e sperimentare partendo da zero.

LA REGIONE DELL'ALPE-ADRIA come biotopo del connubio tra Alpi e mare, che permette straordinari momenti di ispirazione;

LA SPERANZA che le conoscenze accumulate possano dare vita a nuove esperienze e ulteriori opportunità, per rinnovare e migliorare attraverso il lavoro il benessere della natura, del clima e delle persone.

Ante scriptum

V ISKANJU SLEDI v deželi, ki ima vse predpogoje, s katerimi lahko prispeva k preobratu v načinu prehranjevanja in pripravi jedi.

V ISKANJU OKUSA za okusom samim– pustiti pridelke, da dozorijo z letnimi časi in jih žlahtne ponuditi na krožniku.

PUSTITI PRIDELKOM ČAS, DA ZRASTEJO, naj bosta preudarnost in počasnost znak kakovosti.

PRIPRAVITI SE na sonaravno umetnost kuhanja, ki jo danes omogoča tudi tehnologija in različne možnosti obdelave, ki združuje pridobljene izkušnje iz preteklosti ter poznavanje in varno uporabo divjih rastlin, ki rastejo okoli nas, na poljih in v gozdovih, da bi dobilli nove palete okusov, jih premešali in tako razširili obzorja.

POZABLJENO ZNANJE vedno bolj postaja ključ do razvoja in popolnoma novih eksperimentov.

DEŽELA ALPE JADRAN kot življenjski prostor, kjer se srečajo Alpe in morje, ki omogoča izjemne trenutke navdiha.

UPANJE, da bo pridobljeno znanje rodilo nove izkušnje in možnosti, ki bodo obnovile in izboljšale dobro počutje narave, podnebja in ljudi.

Gespräch über die Innenhöfe

mit Inga Horny (Stadtmarketing) und Helmuth Micheler (visitklagenfurt)

1. FRAGE:
Mit den „Tagen der Alpen-Adria-Küche" seit 2018 und den Donnerlesungen seit letztem Jahr wurde in Klagenfurt/Celovec ein Fenster in eine bisher wenig beachtete Zeit aufgemacht. Ein angenehmer Windhauch durchzieht seither die Stadt. Frischluft durchflutete die Höfe, die Anfänge einer Urbanität, die im 16. Jahrhundert ihre Geburtsstunde hatte, wurden sichtbar und die übermalten und verloren geglaubten kulturellen Schichten blätterten nach Jahrhunderten wieder unter den Wahrnehmungsschichten hervor. Was macht so eine Zeitreise mit einer Stadt?

INGA HORNY:
Mit den zwanglosen Treffen der DonnerSzenen in den geschichtsträchtigen Höfen tritt auch die teils verborgene Schönheit der Stadt in den Fokus. Der Charme der Architektur vergangener Jahrhunderte beflügelt unsere Vorstellungskraft und lässt uns Blicke erhaschen auf die bunte städtische Lebenskultur über die Zeitläufte hinweg. Ein wichtiger Gesichtspunkt dabei ist heute, uns die Verletzlichkeit der historischen Bausubstanz in Erinnerung zu rufen – und für den achtsamen Umgang damit zu werben. Der kostbare Bestand alter Bauten und ihrer Narrative wird geschützt bleiben und die gelebte Urbanität darf sich munter fortsetzen – wenn uns der Twist gelingt, ästhetische mit wirtschaftlichen und sozialen Fragen zu verbinden.

HELMUTH MICHELER:
Als ich 2018 begonnen habe, die Innenhöfe für die ersten „Tage der Alpen-Adria-Küche" zu bespielen und schmücken zu lassen, waren die Rückmeldungen der Gäste unglaublich positiv. Vielen Einheimischen waren die Eleganz und Schönheit und die Atmosphäre in den Höfen gar nicht bewusst; ja sie kannten diese großteils gar nicht. Manche Innenhöfe fristeten ein Dasein als bessere Abstell- und Lagerplätze. Die Höfe waren ja immer Kommunikationsraum und ein Ort der Begegnung und des Austauschs. Das wollte und will ich nach wie vor heben. Perspektiven, Akustik, das angenehme Klima im Sommer, Schutz im Winter – all das sind so wertvolle Aspekte und Klagenfurt als neu gebaute Renaissance-Stadt hat unzählige dieser Höfe zu bieten. Die Stadtplanung ermöglichte viele Durchgänge und Verbindungen. Wenn man sich der Schönheit und Bedeutung der Höfe allerdings nicht bewusst ist, verkommen diese zu Lagerplätzen – und das darf einfach nicht sein. Mit der Bespielung der Höfe heben wir sie wieder in die Bedeutung, die sie einst hatten und durch eine moderne Verbindung mit Kulinarik und Kultur noch mehr bekommen sollen.

Gespräch über die Innenhöfe

2. FRAGE:
Trude Polley stellt in ihrem Buch „Eine Stadt erzählt" fest, dass „die Klagenfurter des 16. Jahrhunderts eine ausgewogene mitteleuropäische Mischung darstellten", in der sich, laut Maximillianischen Gabbrief „künftig jedermann, wes Standes oder Nation er auch sein mochte (...) niederlassen dürfe." Die Märkte pulsieren, die heimischen Sprachen und die des durch Grenzöffnungen erweiteren Einzugsgebietes vermischen sich. In den Kochtöpfen brodeln die feinsten Zutaten – vom Meer bis zu den Alpen – und aus den wachgeküssten Hinterhöfen erklingen Jazz und Klassik, poetische Verse und literarische Innovationen. Genügen, aus der Sicht der Wiederbelebung der Stadt, diese bisher gesetzten Impulse?

INGA HORNY:
Klagenfurt/Celovec lebt seit 1000 Jahren! Natürlich, die Zeiten seit 1199 haben sich heftig geändert und tun es weiterhin. Langzeitprozesse wie jähe Umbrüche machten ihre Geschichte zu einer wechselvollen – aber „tot" war diese Stadt niemals. Unsere Aufgabe ist es, aus der Vergangenheit zu lernen und wachsamen Auges immer wieder zu überprüfen, ob die Entwicklung in eine positive zukunftsweisende Richtung führt. Im Mittelpunkt der Aufmerksamkeit muss die Lebensqualität der Stadtbewohner stehen. Die zeigt sich im Niveau des Wohnens, im Branchenmix, in der Vielfalt der Gastronomie, in traditioneller bis aufmüpfiger Kulturszene, in geglückter gesellschaftlicher Durchmischung verschiedenster Lebensstile.

HELMUTH MICHELER:
Es sind gute Anfänge – aber nein, es reicht natürlich nicht. Es geht um einen achtsamen Umgang mit der Innenstadt, dem Bauensemble, den Plätzen und Höfen. Nach dem furchtbaren Brand 1514 und der Schenkung der Stadt an die Landstände 1518 begann ein unglaublicher Kraftakt, mit dem Klagenfurt wieder aufgebaut wurde. Man holte mit Domenico Dell'Alio einen Star der italienischen Renaissance-Architektur. Mit seinen Entwürfen und Plänen prägt er das innere Stadtbild noch heute. Und dies gilt es zu schützen. Die Stadt bietet von der Renaissance über den Barock – ja bis zum Jugendstil – so schöne Bauwerke, die die Innenstadt einzigartig machen und für Besucher, egal woher, unbedingt zu erhalten sind. Sorgsam renovieren, sorgsam Neues – und natürlich auch moderne Architektur – integrieren, wie es zum Beispiel durch Günter Domenig beim Zubau zum Stadttheater gelungen ist. Qualität bringt noch mehr Qualität muss als Ansatz gelten: das gilt vor allem auch für die Bespielung des zentralen Neuen Platzes vor dem Rathaus. Es ist das Herz der Stadt – der HAUPTplatz. Zu oft gibt man sich aktuell noch mit Mittelmaß bei der Nutzung des Platzes zufrieden.

3. FRAGE:
Ist der in den letzten Jahren von den Menschen in die Stadt gefächelte frischen Wind von den zuständigen Institutionen auch registriert worden und wird ihm die nötige langfristige Unterstützung gewährt, es in ein pulsierendes kulturelles, wirtschaftliches und kulinarisches Leben einfließen zu lassen, werden die dafür nötigen Rahmenbedingungen rasch genug den Erfordernissen des veränderten Lebens angepasst?

INGA HORNY:
Pulsierende Städte sind mehr als die Summe ihrer Nutzungen. In der Vielfalt ihrer Eigenschaften – Identifikationsort, kultureller Mittelpunkt, Schaufenster der Geschichte, Wirtschaftszentrum, Begegnungsort, Marktplatz – zeigt sich der Anspruch an ihre Leistungsfähigkeit und Strahlkraft. Mit den hohen Erwartungen sind aber manchmal auch Zukunftssorgen verknüpft und die erweisen sich oft als schlechter Ratgeber: Einer beliebigen „Eventisierung“ auf Kosten der Bewohner sollte die Stadt nicht verfallen! Dabei ist der passende Rahmen, den Institutionen vorgeben (müssen), von großer Bedeutung zur Bewältigung der Aufgaben für ein wirklich lebenswertes Ambiente. Auch für die „Stadtväter“ in Klagenfurt und ihre Büros ist konzentriertes Registrieren und intelligentes Reagieren, ständiges Lernen aus Erfahrungen angesagt.

HELMUTH MICHELER:
Es ist durchaus ein Wandel im Bewusstsein gegenüber den Potenzialen der Stadt feststellbar. Wenngleich ich das Gefühl habe, dass man bei zukunftsweisenden Entscheidungen, die manchmal eine radikale Neuausrichtung und Änderung von Verhaltensweisen erfordern, aus Bequemlichkeit nur an der Oberfläche bleibt. Veränderung führt manchmal zu Konflikten – die offen besprochen und verhandelt gehörten, um die BESTE Lösung für die Stadt und ihre Bewohner und Gäste zu erreichen. Dazu bedarf es natürlich auch Mut … und Stolz auf das, was die Stadt, ihr geistiges und kreatives Erbe geschaffen hat und auch weiterhin schaffen kann. Klagenfurt ist doch in erster Linie Inspirationsraum – durch diese einzigartige Naturkulisse zwischen Stadt, See und Bergen mit Weite und Horizont, dazu die kulturellen und kulinarischen Einflüsse mit romanischen und slawischen Einsprenkelungen und dieses Lebensgefühl zwischen alpin und mediterran, das eine besondere Faszination ausübt.

Conversazione sui cortili interni

con Inga Horny (Stadtmarketing) e Helmuth Micheler (visitklagenfurt)

DOMANDA

Con le "Giornate della cucina dell'Alpe-Adria" dal 2018 e le serate letterarie "DonnerSzenen" dallo scorso anno, a Klagenfurt / Celovec si è aperta una finestra su di un tempo finora trascurato. Da allora in città ha iniziato a spirare una piacevole brezza. L'aria fresca ha inondato i cortili, sono ritornati alla luce gli inizi di un'urbanità che nacque nel XVI secolo, facendo riaffiorare sulla superfice della percezione strati culturali, che per secoli erano stati coperti e ritenuti perduti. Che cosa fa un viaggio nel tempo a una città?

INGA HORNY:

Con gli incontri informali delle DonnerSzenen nei cortili storici, si è imposta all'attenzione la bellezza in parte nascosta della città. Il fascino dell'architettura dei secoli passati ispira la nostra immaginazione e lascia intravedere il variegato stile di vita urbano attraverso il corso del tempo. Un aspetto importante qui oggi è quello di farci ricordare la vulnerabilità degli edifici storici – e di inocoraggiarne un uso attento. Se riusciremo a coniugare l'estetica con le questioni economiche e sociali, riusciremo a proteggere il prezioso patrimonio dei vecchi edifici e le loro storie, mentre l'urbanità vissuta potrà continuare felicemente.

HELMUTH:

Quando nel 2018 ho iniziato a promuovere l'utilizzo e l'allestimento dei cortili interni per le prime "Giornate della Cucina dell'Alpe-Adria", il feedback degli ospiti è stato incredibilmente positivo. Molti abitanti non erano nemmeno a conoscenza dell'eleganza, della bellezza e dell'atmosfera nei cortili; sì, la maggior parte di loro neppure li conosceva. Alcuni cortili interni vegetavano, venivano utilizzati come depositi e magazzini. I cortili sono sempre stati uno spazio di comunicazione, un luogo di incontro e di scambio. L'ho voluto sottolineare e non smetterò di farlo. Le prospettive, l'acustica, un clima piacevole d'estate, una protezione d'inverno: tutti questi sono aspetti molto preziosi e Klagenfurt come riscoperta città rinascimentale ha innumerevoli cortili di questo genere da offrire. L'urbanistica ha reso possibili molti passaggi e collegamenti. Tuttavia, se non si è consapevoli della bellezza e dell'importanza dei cortili, questi si riducono a depositi – ciò semplicemente non deve accadere. Utilizzando i cortili diamo loro nuovamente l'importanza che avevano un tempo e ne faremo loro acquisire ancora di più attraverso un moderno collegamento con l'arte e la cultura culinaria.

DOMANDA

Nel suo libro "Eine Stadt erzählt"(Una città racconta) Trude Polley afferma che "gli abitanti di Klagenfurt del XVI secolo incarnavano un equilibrato miscuglio mitteleuropeo" in cui, recita una disposizione di Massimiliano," in futuro potranno insediarsi tutti, indipendentemente dalla loro classe o nazionalità." I mercati pulsano, grazie all'apertura dei confini c'è un mescolarsi di lingue autoctone e dei paesi vicini. Nelle pentole borbottano i migliori ingredienti dal mare alle Alpi e dai cortili risvegliati come da un bacio si possono ascoltare jazz e musica classica, versi poetici e innovazioni letterarie.
Bastano questi impulsi per un rilancio della città?

INGA HORNY:

Klagenfurt / Celovec vive da 1000 anni! Naturalmente dal 1129 i tempi sono cambiati radicalmente e continuano a farlo. Processi a lungo termine, così come sconvolgimenti improvvisi hanno reso la sua storia piena di alti e bassi, ma questa città non è mai stata „morta". È nostro compito imparare dal passato e avere sempre gli occhi aperti per verificare se lo sviluppo sta conducendo in una direzione positiva e lungimirante. Al centro dell'attenzione deve essere la qualità della vita degli abitanti della città. Ciò si mostra al livello dell'abitare, nel mix delle attività, nella varietà della gastronomia, nella scena culturale che si estende dal tradizionale al ribelle, nel riuscito mix sociale dei più svariati stili di vita.

HELMUTH MICHELER:

È un buon inizio, ma no, ovviamente non è abbastanza. Ci vuole una accorta gestione del centro cittadino, l'insieme degli edifici, delle piazze e dei cortili. Dopo il terribile incendio del 1514 e la donazione della città al demanio nel 1518, iniziò un'incredibile azione di forza con la quale Klagenfurt fu ricostruita. Con Domenico Dell'Alio entra in scena una stella dell'architettura rinascimentale italiana. Con le sue bozze e i suoi piani, modella ancora oggi il paesaggio urbano del centro. E questo va tutelato. Dal Rinascimento al Barocco – sì, fino all'Art Nouveau – la città offre edifici così belli da rendere unico il centro cittadino e che devono essere preservati per i visitatori, indipendentemente dalla loro provenienza. Rinnovare con cura, integrare con attenzione le cose nuove – e ovviamente anche l'architettura moderna – come è stato il caso di Günter Domenig, ad esempio, quando ha ricostruito il teatro cittadino. Deve valere il detto: la qualità porta ancora più qualità; questo vale soprattutto per l'uso della centrale Neuer Platz di fronte al municipio. È il cuore della città, la piazza PRINCIPALE. Troppo spesso le persone si accontentano ancora con un uso ordinario dello spazio.

Conversazione sui cortili interni

con Inga Horny (Stadtmarketing) e Helmuth Micheler (visitklagenfurt)

DOMANDA

La ventata di aria fresca che la gente ha portato in città negli ultimi anni è stata rilevata anche dalle istituzioni preposte e ha ricevuto il necessario sostegno a lungo termine, per consentirle di confluire in una vibrante vita culturale, economica e culinaria, insomma siete sicuri che le condizioni necessarie saranno adattate abbastanza rapidamente alle esigenze di questa nuova vita?

INGA HORNY:

Le città che pulsano sono più della somma dei loro usi. Nella ricchezza delle loro proprietà – un luogo di identificazione, un centro culturale, una vetrina di storia, un centro d'affari, un luogo di incontro, un mercato – si mostrano le esigenze della loro produttività e del loro carisma. Tuttavia, le preoccupazioni per il futuro sono a volte associate a grandi aspettative e queste spesso si rivelano essere pessime consigliere: la città non dovrebbe essere soggetta ad alcuna „eventizzazione" a spese dei residenti! La cornice giusta che le istituzioni (devono) fornire, è di grande importanza per far fronte ai compiti che rendono un ambiente davvero vivibile. Dai "padri della città" di Klagenfurt e dei loro uffici ci si aspetta un'osservazione attenta, reazioni intelligenti, inoltre una costante disponibilità a trarre insegnamento dall'esperienza.

HELMUTH MICHELER:

La consapevolezza del potenziale della città è sicuramente cambiata. Anche se ho la sensazione che le decisioni lungimiranti, che a volte richiedono un riorientamento radicale e cambiamenti comportamentali, per comodità siano mantenute solo in apparenza. Il cambiamento a volte porta a conflitti – che dovrebbero essere analizzati e risolti apertamente, al fine di raggiungere la soluzione MIGLIORE per la città, i suoi residenti e gli ospiti. Certo, questo richiede anche coraggio... e orgoglio per ciò che la città, il suo patrimonio intellettuale e creativo ha creato e può continuare a creare. Klagenfurt è principalmente un luogo di ispirazione – grazie a questo scenario naturale unico composto di città, lago e montagne, con un ampio orizzonte, cui si sommano le influenze culturali e culinarie dal tocco romanico e slavo, e con questo modo di vivere tra alpino e mediterraneo, che ha un fascino particolare.

Pogovor o notranjih dvoriščih

z Inga Horny (Stadtmarketing) in Helmuth Micheler (visitklagenfurt)

1. VPRAŠANJE

Z „Dnevi kuhinje Alp Jadrana iz leta 2018 in lanskoletnimi literarnimi večeri "DonnerSzenen" se je v Celovcu odprlo okno na čas, ki je bil do sedaj zanemarjen. Od takrat je v mestu zavel svež vetrc. Svež zrak je preplavil dvorišča, luč so ponovno zagledali začetki tiste urbanosti, ki se je rodila v 16. stoletju in razkrila kulturne plasti, ki so stoletja bile skrite in izgubljene. Kako potovanje v času vpliva na mesto?

INGA HORNY:

S srečanji „DonerSzenen" na zgodovinskih dvoriščih, je nase opozorila lepota v skritem delu mesta. Čar arhitekture iz preteklih stoletij vzbuja našo domišljijo in daje vpogled v pisani življenski slog, ki se je spreminjal skozi čas. Dandanes je najpomembnejše, da se zavedamo ranjivosti zgodovinskih poslopij, ki naj bi nas spodbudila, da z njimi ravnamo bolj smotrno. Če nam uspe združiti estetsko plat z gospodarsko in družbeno, bomo obvarovali dragoceno zapuščino starih stavb in njihove zgodbe, medtem ko gre živa urbanost veselo naprej.

HELMUTH MICHELER:

Ko sem leta 2018 začel promovirati uporabo in pripravo notranjih dvorišč za prve „Dneve kuhinje Alp Jadrana", je bil oddziv gostov neverjetno pozitiven. Številni prebivalci niso nikoli opazili elegance, lepote in vzdušja na dvoriščih; ja, večina jih ni niti poznala. Nekatera notranja dvorišča so zgolj životarila, uporabljali so jih kot skladišča in odlagališča. Dvorišča so bila vedno prostor komunikacije, kraj srečanj in izmenjav. To sem hotel poudariti in bom še naprej poudarjal. Perspektive, akustičnost, poleti prijetno sveža, pozimi zaščitena: vsi ti vidiki so zelo dragoceni in Celovec, kot ponovno odkrito renesančno mesto lahko ponudi obilico takih dvorišč. Urbanistika je omogočila številne prehode in povezave. In vendar, če se ne zavedamo lepote in pomembnosti dvorišč, postanejo le-ta zgolj odlagališča, kar pa se enostavno ne sme zgoditi. Z uporabo bodo postala ponovno pomembna, kot so bila nekoč, toliko več, če jih povežemo z umetnostjo in kulinariko.

Pogovor o notranjih dvoriščih

z Inga Horny (Stadtmarketing) in Helmuth Micheler (visitklagenfurt)

2. VPRAŠANJE

V svoji knjigi „Eine Stadt erzählt" (Mesto pripoveduje) Trude Polley trdi, da so „prebivalci Celovca iz 16. stoletja utelešali uravnoteženo srednjeevropsko mešanico" v kateri, kot pravi Maksimilijan „se bodo v prihodnje lahko naselili vsi, ne glede na stan ali narodnost". Tržnice utripajo, zahvaljujoč odprtju mej se tam mešajo avtohtoni jeziki in jeziki sosednjih dežel. V loncih brbotajo najboljše kar nudi dežela od morja do Alp in iz prebujenih dvorišč donijo jazz in klasična glasba, pesniški verzi in literarne novosti. Ali ti impulzi zadostujejo za ponovni zagon mesta?

INGA HORNY:

Celovec živi že 1000 let! Seveda so se od leta 1129 časi korenito spremenili in se še vedno spreminjajo. Zaradi dolgotrajnih procesov in nenadnih preobratov je bila njegova zgodovina polna vzponov in padcev, ampak to mesto ni bilo nikoli „mrtvo". Naša naloga je, da se učimo iz preteklosti in da imamo vedno odprte oči, zato da spremljamo, če gre razvoj v pravo in začrtano smer. V središču pozornosti mora biti kakovost življenja prebivalcev mesta. To se kaže na nivoju bivanja, v različnih dejavnostih, gastronomski raznolikosti, na kulturni sceni, tako tradicionalni kot uporniški, v posrečeni družbeni mešanici najrazličnejših življenjskih slogov.

HELMUTH MICHELER:

To je dober začetek, ni pa dovolj. Tu je potrebno preudarno vodenje mestnega središča, ki zajema tudi stavbe, trge in dvorišča. Po grozljivem požaru iz leta 1514 in potem, ko je bilo mesto darovano deželi leta 1518, se je začela pospešena obnova Celovca. Takrat je na sceno stopil Domenico Dell'Alio, zvezdnik italijanske renesančne arhitekture. Njegovi osnutki in načrti še danes oblikujejo urbano podobo mestnega središča. In to je treba zaščititi. Od renesanse do baroka, pa vse do Art Nouveauja, mesto ponuja čudovite stavbe, ki mu dajejo edinstven videz, zato jih je treba ohraniti za obiskovalce, ne glede na njihov izvor. Skrbno obnavljati, pozorno uvajati nove stvari in seveda tudi moderno arhitekturo – kot v primeru Günterja Domeniga, ko je obnovil mestno gledališče. Obveljati mora prepričanje, da kakovost prinaša še več kakovosti in to velja predvsem za osrednji trg Neuer Platz nasproti mestne hiše. To je srce mesta, GLAVNI trg. Prevečkrat se ljudje zadovoljijo samo z običajno uporabo prostora.

3. VPRAŠANJE:
Svež zrak, ki so ga ljudje prinesli v zadnjih letih, so opazile tudi pristojne inštitucije, ki so mu namenile dolgoročna potrebna sredstva, da bi lahko zavel v kulturnem, ekonomskem in gastronomskem utripu mesta. Ali sta prepričana, da se bodo pogoji sorazmerno hitro prilagajali potrebam tega novega življenja?

INGA HORNY:
Mesta, ki utripajo so presežek njihove vsakdanje rabe. V njihovi bogati raznolikosti – prepoznavno mesto, kulturno središče, zgodovinska izložba, poslovni center, zbirališča, tržnica – se kažejo njihove zahteve po uspešnosti in karizmi.

Kakorkoli že, skrb za jutri je včasih povezana z velikimi pričakovanji in le-ta so pogosto najslabši svetovalci: mesto ne sme biti podrejeno dogodkom na račun prebivalcev! Prava formula, ki jo inštitucije (morajo) uporabiti, je dati prednost tistim nalogam, ki bodo od mesta naredile prostor, v katerem se da živeti.

Od celovških „mestnih očetov“ in njihovih uradov pričakujemo, da bodo pozorno spremljali in se pametno odzivali ter da bodo pripravljeni učiti se iz izkušenj.

HELMUTH MICHELER:
Zavest o potencialih mesta se je sigurno spremenila. Čeprav imam občutek, da se daljnosežne odločitve, ki včasih zahtevajo radikalne preusmeritve in spremembe v obnašanju, le navidezno ohranjajo. Spremembe včasih vodijo do konfliktov, ki bi jih morali odprto analizirati in reševati, da bi dosegli najboljšo rešitev za mesto, njegove prebivalce in goste. Seveda to zahteva tudi pogum ... in ponos do tega, kar je mesto, njegova intelektualna in ustvarjalna dediščina ustvarila in kar lahko ustvarja še naprej. Celovec je na prvem mestu kraj navdiha – za to se lahko zahvali naravnem okolju, ki ga sestavljajo mesto, jezero in gore, s širokim obzorjem, kjer se pretakajo kulturni in gastronomski vplivi z romanskim in s slovanskim pridihom ter alpsko-sredozemskim načinom življenja, ki ima poseben čar.

Versteckte Romantik – Die Stadt der Innenhöfe

von Anna Maria Haider

Insgesamt gibt es 80 Innenhöfe in Kärntens Hauptstadt.

Wo genau die schönsten Höfe und Innenhöfe in Klagenfurt zu finden sind, erfahrt ihr hier. Außerdem stelle ich euch noch ein Event in den Höfen diesen Sommer vor, das ihr keineswegs verpassen solltet.

In Klagenfurt ist die merk-würdige Schönheit stiller, verborgener als anderswo. Hinter häufig unscheinbaren Fronten tut sich die nach innen gerichtete Seele der Stadt auf, im wesenhaften und lebendigen Bild der Höfe. Diese malerischen Kulissen innerhalb der alten Edelmannsitze und Bürgerhäuser wollen erst einmal erobert werden. Da gibt es entzückende Barockhöfe mit Säulengängen und blumenbeladenen Galerien, idyllische Biedermeierwinkel, Laubenarchitekturen und Steinbalkone mit bauchigen Korbgittern in etlichen Geschossen. Arkadenhöfe prunken mit ornamentierten Mauerfronten, gerahmten Archivolten, Trichterkapitellen und Treppen, die sich wie Schneckenhäuser nach oben winden.

An die 80 (!) der Klagenfurter Innenhöfe aus Renaissance, Barock und dem 19. Jahrhundert wurden in den letzten Jahrzehnten revitalisiert und saniert. Ich zeige euch hier meine 8 Favoriten:

Landhaushof

Weitgehend unverändert blieb seit Errichtung in der zweiten Hälfte des 16. Jahrhunderts der Innenhof des Landhauses, des bedeutendsten Profanbaus in Klagenfurt. Als maßgeblicher Architekt gilt Johann Anton Verda, Steinmetz vom Luganer See. Er erweiterte es zum hufeisenförmigen Bau und kreierte den zweigeschossigen Arkadengang mit seinen begleitenden Stiegenläufen sowie den südlichen Turm.

Schlusspunkt der Bautätigkeit war die Errichtung des Landhaushoftores 1594, das den Hof zwischen dem Landhaus und dem Gebäudekomplex „Zur goldenen Gans“ abschloss. Ein kurioses Detail im Landhaushof ist eine winzige Steintreppe, die ursprünglich zum leichteren Schwung in den Pferdesattel diente und bis heute erhalten geblieben ist.

1950 wurde der Innenhof zum Parkplatz verändert und etwas später für die Autos der Landtagsabgeordneten reserviert – das waren noch Zeiten! Aufsehen erregte 1949 eine Freilicht-Aufführung von Beethovens Oper „Fidelio“ im Landhaushof. Heute freut man sich über die Alpen-Adria-Kulinarik, die das „Gasthaus im Landhaushof“ auftischt.

Burghof

1586 wurde die ausladende Burg – ebenfalls nach Plänen von Antonio Verda – als die protestantische Adelsschule „Collegium sapientiae et pietatis" errichtet.

Das Collegium hatte einen über die Grenzen reichenden guten Ruf und brauchte nach der Überlieferung den Vergleich mit der Universität von Bologna nicht zu scheuen. Die Institution verfügte über eine eigene Sternwarte, im Garten war eines der damals begehrten Labyrinthe angelegt.

Nach der Gegenreformation nutzten die Kärntner Burggrafen bis gegen Ende des 17. Jahrhunderts das Gebäude als repräsentativen Sitz, sie herrschten in Vertretung des jeweiligen Landesherrn über ihr kleines Kärntner Territorium. In der nächsten historischen Phase beherbergte die Burg den Verwaltungsapparat des kaiserlichen Hofes, die Räumlichkeiten wurden von hohen Beamten bewohnt. Der Kaiser hatte eine Wohnung in der Burg, falls er das Land Kärnten bereiste. Der letzte dieser royalen Besuche ist mit 1907 datiert.

Im Inneren der viereckigen Anlage im Herzen der Stadt öffnet sich ein weiter – von Arkadengängen umrahmter – Innenhof. Ein idealer Ort des Verweilens und der Reflexion für die Besucher des im Haus eingerichteten Museums Moderner Kunst Kärnten.

Seit dem Jahr 2000 bietet der Hof die Bühne für sommerliches Open-Air-Kino. Fünf Wochen lang ist das Programm eine der kulturellen Attraktionen Kärntens.

Versteckte Romantik – Die Stadt der Innenhöfe

Kardinalplatz

Fast um die Ecke liegt das Haus Kardinalplatz 1. Der Ansitz wurde als „Stubenberg-Behausung" bekannt. Im 18. Jahrhundert wechselten mehrmals die Besitzer, zu ihnen zählten Leute von Rang und vor allem Namen: Polykarp Graf Christalnigg, Graf von Kaiserstein, Dr. Johann Georg von Pirkenau, Ernst Maria Graf Lodron und Dr. Karl Anton Hamerlitz schlugen hier ihr Domizil auf.

Ab 1806 war das Haus im Besitz der Grafenfamilie Egger, bis es Bankier Anton Ritter von Ehrfeld erwarb. Heute ist im prachtvollen Innenhof mit seinen um 1700 entstandenen zweigeschossigen Arkaden die gastronomische Innovation „Best of the rest" daheim: Elke Oberhauser kocht Köstliches mit Lebensmitteln, die sie von Gärtnereien, vom Markt und anderen Händlern rechtzeitig vor dem Wegwerf-Zeitpunkt erhält.

Bamberger Hof

Vom Alten Platz führt eine Passage durch den Bamberger Hof – ein Juwel an Atmosphäre – in die Renngasse. Das ehemalige Palais gehörte bis 1614 dem protestantischen Arzt Urban Zusner von Zusnerberg. 1759 wurde es zum Palais des Hochstiftes und Namensstifters Bamberg. Der Renaissance-Arkadenhof und die Fassade stammen aus dem Jahr 1650.

Altes Rathaus

Hier sollte man sich unbedingt das Alte Rathaus näher ansehen. Dieses Palais Rosenberg mit seinem Baukörper aus dem 16. Jahrhundert besitzt einen der lieblichsten Renaissance-Arkadenhöfe Österreichs.

Das älteste noch erhaltene Gebäude der Stadt Klagenfurt kann man am westlichen Ende des Alten Platzes sehen. Das Haus zur Goldenen Gans wurde 1489 beurkundet und ist mit der Gans aus vergoldetem Messing am Portal leicht zu erkennen. Die „Goldene Gans“ war im Zuge der Altstadtsanierung 1975 das erste Haus, dessen Innenhof entkernt, restauriert und der Öffentlichkeit zugänglich gemacht wurde.

Versteckte Romantik – Die Stadt der Innenhöfe

Ossiacher Hof

Über die Wiener Gasse spaziert's sich zum Ossiacher Hof (Haus Nr. 10).
Im bezaubernden ersten Hof befindet sich an der Südwand ein um 1700 entstandener Stuckdekor. Das Gesims tragen Atlanten, steinerne Früchte werden von Löwen gehalten. Nord- und westseitig befinden sich Arkaden. Besonderheiten sind die Butzenscheiben, Konglomerat-Säulen und Drachen-Wasserspeier.

Im zweiten Hof sind auf drei Seiten dreigeschossige Arkaden aus dem 16. Jahrhundert eingebaut.

Herrengasse

Ein wahres Eldorado für Höfe-Finder ist die Herrengasse. In der Reihe der schicken Palais gibt es kaum eines ohne ebenso schicken Hof.

Durch ein mächtiges Rundbogenportal betritt man zum Beispiel den Arkadenhof des Anwesens Herrengasse 10, ehemals im Besitz der Freiherren von Seenuß (gibt es jemanden der bei diesem Namen nicht lachen muss?).

Das Helldorf'sche Haus auf Nummer 12 hat sich kein Geringerer als Napoleon während der Besetzung Klagenfurts durch die französischen Truppen als Quartier ausbedungen. Man sieht ihn geradezu im Hof sitzen und Huhn à la Marengo mit Chambertin (hatte er angeblich auf allen Feldzügen im Gepäck – nicht das Huhn, den Wein) schlemmen.

Das Haus Nummer 14 weist ebenfalls einen eindrucksvollen Innenhof auf – die Arkaden sind großen Teils verglast worden, aber auch diese Pawlatschenstimmung hat was.

ANNA MARIA HAIDER

Lebensmittelpunkt Stadt Salzburg, familiärer „Außenstelle" Waldviertel; gebürtige Klagenfurterin, glühender Kärnten-Fan. Bevorzugten Themen: Kunst und Kultur - abseits des Mainstreams. Textende Kunsthistorikerin, abwechslungsreiche freie Journalistin.

Romanticismo nascosto – La città dei cortili interni

di Anna Maria Haider

Nella capitale della Carinzia ci sono un totale di 80 cortili interni.

Leggendo qui potrete scoprire precisamente dove si trovano i cortili più belli di Klagenfurt. Vi presenterò inoltre anche un evento da non perdere che si terrà nei cortili quest'estate.
A Klagenfurt la singolare bellezza è più silenziosa e nascosta che altrove. Dietro facciate spesso modeste si schiude l'anima interiore della città attraverso l'immagine essenziale e vivace dei cortili. Questi scenari pittoreschi all'interno delle antiche residenze nobiliari e delle case borghesi vogliono catturare l'attenzione per primi. Ci sono incantevoli cortili barocchi con porticati e gallerie fiorite, idilliaci angoli in stile Biedermeier, pergolati e balconi in pietra con ringhiere su diversi piani. I cortili porticati sfoggiano facciate ornate, archivolti incorniciati, capitelli a imbuto e scale che si snodano verso l'alto come gusci di lumache.
Negli ultimi decenni sono stati rivitalizzati e ristrutturati ben circa 80 cortili interni rinascimentali, barocchi e del XIX secolo di Klagenfurt. Di seguito vi mostro i miei 8 preferiti:

Landhaushof

Dalla sua costruzione nella seconda metà del XVI secolo il Landhaushof, l'edificio profano più importante di Klagenfurt, è rimasto in gran parte immutato. Suo architetto più importante è considerato Johann Anton Verda, scalpellino dal Lago di Lugano. Lo ampliò in un edificio a forma di ferro di cavallo e creò un porticato a due piani con annesse rampe di scale e una torre meridionale.

L'elemento che concluse i lavori fu la costruzione della porta del cortile del Landhaus (Landhaushoftor) nel 1594, che andava a chiudere il cortile tra il palazzo Landhaus e il complesso di edifici "Zur goldenen Gans". Un dettaglio curioso nel Landhaushof è la presenza di una minuscola scala in pietra, che in origine serviva a facilitare la salita in sella e che si è conservata fino ad oggi.

Nel 1950 il cortile interno fu trasformato in un parcheggio e poco dopo riservato alle auto dei membri del Landtag: quelli erano tempi! Nel 1949 nel cortile del Landhaus fece scalpore una rappresentazione all'aperto dell'opera di Beethoven "Fidelio". Oggi nel Landhaushof la gente viene deliziata dall'arte culinaria dell'Alpe-Adria, portata in tavola dal suo ristorante interno.

Burghof

Nel 1586 fu costruito l'ampio castello come scuola protestante per nobili "Collegium sapientiae et pietatis", sempre su progetto di Anton Verda.

Il Collegium godeva di una buona nomea che si estendeva oltre i confini e secondo la tradizione, reggeva bene il confronto con l'Università di Bologna. L'istituzione disponeva di un proprio osservatorio e nel giardino si trovava uno dei labirinti più ambiti a quell'epoca.

Dopo la Controriforma i burgravi carinziani utilizzarono l'edificio fino la fine del XVII secolo come sede di rappresentanza, governando il loro piccolo territorio carinziano per conto del sovrano. Nella successiva fase storica il castello ospitò l'apparato amministrativo della corte imperiale e le stanze vennero occupate da alti funzionari. L'imperatore aveva un appartamento nel castello per alloggiare nel caso in cui fosse in visita in Carinzia. L'ultima visita reale risale al 1907.

All'interno del complesso quadrangolare nel cuore della città si apre un ampio cortile interno incorniciato da corridoi porticati. Per i visitatori del Museo d'Arte Moderna della Carinzia, che viene allestito in questo edificio, si rivela essere un luogo ideale per soffermarsi e riflettere.

Dal 2000 il cortile è il palcoscenico del cinema estivo all'aperto (Open Air Kino). Per cinque settimane il programma è una delle attrazioni culturali della Carinzia.

Kardinalplatz

Quasi dietro l'angolo si trova l'edificio Kardinalplatz n.1. La residenza divenne nota con il nome di "dimora degli Stubenberg" (Stubenberg-Behausung). Nel corso del XVIII secolo cambiarono diverse volte proprietario, tra cui c'erano persone di alto rango e soprattutto nomi noti come: il conte Polykarp Christalnigg, il conte von Kaiserstein, Dr Johann Georg von Pirkenau, il conte Ernst Maria Lodron e Dr. Karl Anton Hamerlitz, i quali vissero qui.

Dal 1806 l'edificio fu di proprietà della famiglia comitale Egger fino a quando fu acquistata dal banchiere Anton Ritter von Ehrfeld. Oggi il fastoso cortile interno con i suoi portici a due piani del 1700 circa ospita l'innovazione gastronomica "Best of the rest": Elke Oberhauser cucina piatti deliziosi con gli avanzi delle materie prime che riceve dai vivai, dal mercato o da altri commercianti, prima che vengano cestinati.

Romanticismo nascosto – La città dei cortili interni

Bamberger Hof

Dalla Alter Platz, un passaggio conduce, attraverso il Bamberger Hof, un gioiello nell'ambiente, alla Renngasse. L'antico palazzo è appartenuto al medico protestante Urban Zusner von Zusnerberg fino al 1614. Nel 1759 divenne il palazzo del principato ecclesiastico e dell'omonimo Bamberg. Il cortile porticato rinascimentale e la facciata risalgono al 1650.

Altes Rathaus

Un'occhiata più da vicino la merita sicuramente anche il vecchio municipio, l'Alte Rathaus. Questo Palais Rosenberg del XVI secolo h a uno dei più bei cortili rinascimentali ad arcate dell'Austria.

Goldene Gans

Il più antico edificio ancora conservato della città di Klagenfurt può essere visitato all'estremità occidentale della Alter Platz. La "Haus zur Goldenen Gans" è stata registrata nel 1489 ed è facilmente riconoscibile grazie all'oca in ottone dorato sul portale. Nel corso della riqualificazione della città vecchia nel 1975, la "Haus zur Goldenen Gans" fu il primo edificio ad avere i cortili interni restaurati e aperti al pubblico.

Ossiacherhof

Camminate lungo la Wienergasse fino all'Ossiacherhof (civico n. 10).

Nell'incantevole primo cortile la parete sud presenta una decorazione a stucco del 1700 circa. Il cornicione è sostenuto da atlanti, i frutti di pietra sono sorretti da leoni. Ci sono arcate sui lati nord e ovest. Le particolarità sono i vetri a occhio di bue, le colonne di conglomerato e i gargoyle.

Nel secondo cortile su tre lati sono state costruite arcate cinquecentesche a tre piani.

Herrengasse

La Herrengasse è un vero e proprio Eldorado per gli amanti dei cortili. Tra la sfilza di palazzi chic presenti, non ce n'è quasi nessuno con un cortile altrettanto chic.

Ad esempio, attraverso un imponente portale con arco a tutto sesto, si accede al cortile porticato della proprietà Herrengasse 10, un tempo podere dei baroni von Seenuß.

La "Helldorf'sche Haus" al numero 12 fu utilizzata nientemeno che da Napoleone durante l'occupazione di Klagenfurt da parte delle truppe francesi. Lo si può quasi vedere seduto nel cortile a farsi una scorpacciata di pollo alla Marengo con Chambertin (si suppone che lo avesse con sé in tutte le battaglie… non il pollo, ma il vino).
Anche la casa numero 14 ha un imponente cortile interno: i porticati sono stati in gran parte vetrati, ma c'è un qualcosa anche in questa atmosfera delle cosiddette pawlatsche, case a ballatoio.

ANNA MARIA HAIDER

Luogo di appartenenza – Salisburgo, "filiale" familiare – la regione delle foreste Waldviertel; nata a Klagenfurt, appassionata fan della Carinzia. Temi preferiti: arte e cultura – tranne il mainstream. Autrice di testi di storia dell'arte, poliedrica giornalista freelance.

Skrita romantika – mesto notranjih dvorišč

Anna Maria Haider

V koroški prestolnici je skupno 80 notranjih dvorišč.

Tukaj lahko preberete, kje se skrivajo najlepša dvorišča v Celovcu. Predstavil vam bom tudi dogodek, ki se bo odvijal v teh dvoriščih in ga ne smete zamuditi.

V Celovcu je edinstvena lepota tiha in skrita drugje. Za večinoma skromnimi fasadami se razkriva notranja duša mesta skozi živahno in prvinsko podobo dvorišč. Ta slikovita prizorišča v notranjosti starih plemiških palač in meščanskih hiš želijo prva pritegniti pozornost. To so očarljiva baročna arkadna dvorišča in cvetlične galerije, idilični kotički v bidermajerskem slogu, obokani hodniki in kamniti balkoni s trebušastimi ograjami v različnih nadstropjih. Arkadna dvorišča razkazujejo okrašena pročelja, uokvirjene arhivolte, lijakaste kapitele in stopnice, ki se polžasto vzpenjajo. V zadnjih desetletjih je kar 80 celovških notranjih renesančnih in baročnih dvorišč ter dvorišč iz 19. stoletja bilo obnovljenih in revitaliziranih. V nadaljevanju vam bom pokazal mojih najljubših osem:

„Landhaushof"

Od svoje postavitve v drugi polovici 16. stoletja je Deželna hiša, najbolj pomembna posvetna stavba v Celovcu, ostala po večini nespremenjena. Johann Anton Verda, kamnosek z Luganskega jezera, je njen napomembnejši arhitekt. Stavbo je razširil v obliki podkve ter ustvaril dvonadstropni obokani hodnik s pripadajočim stopniščem in južnim stolpom.

Element, ki je leta 1594 zaključil dela, so bila dvoriščna vrata (Landhaushoftor), ki so dvorišče zaprla med palačo deželne hiše in stavbnim kompleksom „Pri zlati goski" (Zur goldenen Gans). Zanimiv detajl na deželni hiši je kamnita stopnička, ki je nekoč služila temu, da se je konjenik lažje zavihtel na sedlo in se je ohranila do danes.

Leta 1950 je bilo notranje dvorišče spremenjeno v parkirišče in nato rezervirano za avtomobile članov deželnega zbora: to so bili časi! Leta 1949 je veliko navdušenje požela uprizoritev Beethovnove opere *Fidelio* na dvorišču deželne hiše. Danes tam goste razvajajo z jedmi kuhinje Alpe Jadrana, ki jo na dvorišču streže gostilna Gastahaus im Landhaushof.

Burghof

Leta 1586 so po načrtu Antona Verde zgradili grad, ki je služil kot protestantska šola za plemiče – „Collegium sapientiae et pietatis".

Collegium je imel velik ugled tudi onkraj meja in se je, tako pravijo, uspešno kosal z bolonjsko univerzo. Inštitut je imel lastni observatorij in na vrtu enega najznamenitejših labirintov tistega časa.

Po protireformaciji so stavbo vse do konca 17. stoletja uporabljali koroški grajski grofje kot raprezentačni sedež, od koder so v vladarjevem imenu upravljali z njihovim majhnim koroškim ozemljem. V naslednji zgodovinski fazi je grad gostil administrativni aparat cesarskega dvora in so njegove prostore zasedli visoki funkcionarji. Tudi cesar je imel svoje stanovanje na gradu, v katerem je prebival, ko je prišel na obisk Koroške. Zadnji kraljevi obisk sega v leto 1907.

Znotraj štirikotnega kompleksa v srcu mesta se odpira prostrano notranje dvorišče, ki ga uokvirjajo arkadni hodniki. Za obiskovalce Muzeja moderne umetnosti Koroške, ki se danes nahaja v tej stavbi, je to idelen kraj za počitek in premislek. Od leta 2000 je dvorišče prizorišče poletnega kina na odprtem (Open Air Kino). Pet tednov je tamkajšnji filmski spored eden od kulturnih znamenitosti Koroške.

Kardinalplatz

Tako rekoč za vogalom, na naslovu Kardinalplatz 1 stoji palača, ki je imenujejo „bivališče Stubenbergov". (Stubenberg-Behausung). V 18. stoletju je zamenjala več lastnikov, med katerimi so bili tudi mestni veljaki in znana imena: grof Polykarp Christalnigg, grof Kaiserstein, dr. Johann Georg von Pirkenau, grof Ernst Maria Lodron in dr. Karl Anton Hamerlitz, ki so tukaj živeli.

Od leta 1806 je bila stavba v lasti grofovske družine Egger, dokler jo ni kupil bankir Anton Ritter von Ehrfeld. To razkošno dvorišče s svojimi dvonadstropnimi arkadnimi hodniki iz ok. leta 1700 danes gosti inovativno gastronomsko lokacijo „Best of the rest", kjer Elke Oberhauser pripravlja okusne jedi s sestavinami, ki jih dobiva iz rastlinjakov, s tržnice ali od ostalih trgovcev, tik preden bi končale v smeteh.

INNENHÖFE | *CORTILI INTERNI* | *NOTRANJA DVORIŠČA*

Skrita romantika – mesto notranjih dvorišč

Bamberger Hof

Od Starega trga (Alter Platz) do Renngasse vodi pot skozi Bamberger Hof, ki je pravi arhitekturni biser. Antična palača je bila last protestantskega zdravnika Urbana Zusnerja von Zusnerberga vse do leta 1614. Leta 1759 je palača postala sedež knežje škofije, ima pa je dobila po družini Bamberger. Renesančno arkadno dvorišče in pročelje datirata v leto 1650.

Altes Rathaus

Pogled ob blizu si zasluži tudi stara mestna hiša, Alte Rathaus. Palača Rosenberg iz 16. stoletja ima eno najlepših obokanih renesančnih dvorišč v Avstriji.

Goldene Gans

Na zahodnem robu Starega trga lahko obiščemo najstarejšo ohranjeno stavbo v Celovcu. Hiša *Pri zlati gosi* (Zur Goldene Gans) se prvič omenja leta 1489 in je prepoznavna po pozlačeni bronasti gosi na portalu. Med obnovo starega mestnega jedra leta 1975 je bila hiša *Pri zlati gosi* prva stavba, ki je imela obnovljeno notranje dvorišče odprto za javnost.

Ossiacher Hof

Sprehodite se po Wienergasse vse do Ossiacherhofa na številki 10). Južno steno očarljivega prvega dvorišča krasijo štukature iz ok. leta 1700. Napušč podpirajo atlanti, medtem ko kamnite sadeže držijo levi. Dvorišče je obokano na severni in zahodni strani. Posebnost dvorišča so okna zastekljena v tehniki kronskega stekla, stebri iz konglomerata in bruhalnik. Drugo dvorišče na treh straneh obdajajo trinadstropni arkadni hodniki iz 15. stoletja.

Herrengasse

Herrengasse je pravi raj za ljubitelje dvorišč. Skoraj vsaka izmed elegantnih palač ima prav tako elegantno dvorišče.

Veličastni polkrožni portal vodi na arkadno dvorišče palače na številki 10, nekoč v lasti baronov Seenuß.

Palača Helldorf'sches Haus na hišni številki 12 je gostila nič manj kot Napoleona, ko so francoske trupe zasedle Celovec. Skoraj ga lahko vidimo, kako sedi na dvorišču in se masti s piščancem Marengo ob steklenici Chambertina (pravijo, da ga je imel s seboj v vseh bitkah … vino, ne piščanca). Tudi hiša na številki 14 ima veličastno notranje dvorišče: arkadni hodniki so bili večinoma zastekljeni, ampak tudi to mu daje poseben čar.

ANNA MARIA HAIDER

Središče življenja – Salzburg, družinska "podružnica" – gozdnato območje Waldviertel; rojena v Celovcu, goreča ljubiteljica Koroške. Priljubljene teme: umetnost in kultura – razen mainstreama. Avtorica besedil iz umetnostne zgodovine, vsestranska samostojna novinarka.

Zommstehn am Mårkt. Mi smo na pvacu!

von Lojze Wieser

> *„Alles Wirtschaftsmigranten nach heutiger Lesart, sie kamen auf Einladung des Maximilianischen Patents …“*

Seit Neuestem hat Klagenfurt im Zentrum der Stadt einen Hafen. Der Jugo bringt Sand aus der Sahara, die Möwen sind Vorboten, das Rauschen der Wellen stellt sich ein, legt man sein Ohr an Gesims und Atlanten aus Kreuzbergelschiefer der Arkaden und der Pawlatschen in den Innenhöfen. Die Wellen, die die Zehen umspülen, kühlen.

In diesem Hafen, der noch keine Marina für Boote, wohl aber einen Markt für ausgewählte kulinarische Feinheiten, Prätentionen des Gaumens, wo sich die edelsten Tropfen des Südens und des Alpen-Adriatischen eingefunden haben und den Genießern die Hand reichen.

Es mag ein Zufall sein, dass dieser Hafen einen Markt im Ossiacher Hof errichtet hat. Wie weit hier eine historische Anbindung zur Erzählung über das uralte, tiefe, dunkle Wasser hinter den Ossiacher Alpen, dem Ossiacher See, besteht, sei dahingestellt. Auch dass hier ein polnischer König als ***Mutec Osojski***, als der Stumme von Ossiach seine Buße tat, hat für unsere Betrachtung wenig Bedeutung. Wohl aber das Steinhaus, das als Wärterklause der Gemütlichkeit in seinem Verfall fungiert.

Osojsko jezero, auf Köstenberg (Kostanje) hin lauschend, wo man noch heute die Handpresse des Verlegers und Bauern Andrej Šuster-Drabosnjak ächzen hört, und in der Weite dahinter, wo es ***„still ist übern See“***, das Wörthersee-Moor, zwischen Ossiacher Tauern (Osojske ture) und dem Satnitzzug (Gure) im Schleier der aufsteigenden Nebelfransen den Beginn des Klagenfurter Beckens (Celovško polje) bildet, kann man, wenn man ein wenig Phantasie hat, den neuen Hafen schemenhaft erkennen.

Die Masten der Segler werden zwar erst noch gehobelt, die ersten Fischer, Händler, Wirte und zahlreiche neugierige Zugereiste aus allen Teilen des zentral gelegenen Teil des Kontinents sind hierher übersiedelt. Alles Wirtschaftsmigranten nach heutiger Lesart, sie kamen auf Einladung des Maximilianischen Patents – weil es hier Arbeit und Religionsfreiheit gab, haben sich auf dem Markt bei der Mole eingefunden, ihre Segel gegen die Hitze gespannt und über den Köpfen gegen Regen und gegen die Sonne großflächig ausgebreitet und in den Räumlichkeiten der Handwerker, der Schmiede, der Korbflechter, Tischler und Drechsler, der Steinmetze und der Maurer ihr neues Zuhause einzurichten begonnen. So standen sie von Anfang an zusammen, trafen sich beim ***Zommstehn am Mårkt*** und haben ihre Einsamkeit vertrieben und wurden mit den Jahren zu einer Gemeinschaft, wo die Fachleute, die Zünfte, die Bauern der Gegend damals schon Gemüse, Getreide, Fleisch, Holz, geschmiedete Krampen und Schaufeln und anderes umschlugen; wo in Hilfsbereitschaft geformt ihre Sprachmelodien in unterschiedlichster Färbung an der Mole beim ***Zommstehn am Mårkt***, im Landhaushof und in den Renaissance-Palästen zueinander fanden – auf dem Gerüst beim Bau, beim Handeln und beim Feilschen, beim Heranwachsen der steinernen Stadt. (Um nicht wieder unterzugehen wie zuvor, als ein Feuer die mit Holz erbaute Stadt bis zu den Grundfesten verschlang.)

GOLDEN RING CHEESE

VERLEGER
ZALOZNIK

5. SEPTEMBER
7. NOVEMBER
20 UHR
LUCAS LAUFEN

blue

ZOMMSTEHN | *INSIEME* | *NA PVACU*

> *„So wurde die einst würdige Marktordnung – fast für 200 Jahre – zum amputierten Relikt des Zommstehn am Mårkt."*

Das Echo vom Kalkstein im Süden und der Widerhall des ***Pörtschacher Marmors*** und des ***Kreuzberglschiefers*** haben den weichen, mehrstimmigen Klang, den das Brackwasser des Moores echote, in eine Unzertrennlichkeit von Klang und Ton, von Sprache und Gesang, von Wissen und Verstehen verwoben, die als Wiege der Musikalität und der Vielstimmigkeit, ja der geistigen Stärke, der Intellektualität, die Bewohner über die Jahrhunderte begleitete, obwohl die einzelnen Sprachen schon längst in die beiden heimisch gewordenen Sprachen übergegangen waren. Mit dem viersprachigen Megiser Wörterbuch – Deutsch, Latein, Italienisch und Slowenisch, damals Windisch genannt, gelang es, den hiesigen Sprachen Ebenbürtigkeit zu verleihen. Es hat die Anfänge des Daseins in der steinernen Stadt verdienstvoll begleitet. In späterer Zeit wurde es zunehmend als Kuriosum betrachtet, das nichts mit dem Leben hier zu tun gehabt hätte, der Verwerfung des Protestantischen gleich. Bloß die skurrile Erscheinung eines autistischen Mönchs, nicht aber die Antwort auf brennende Fragen des Zusammenlebens, am Markt, in der steinernen Stadt und der näheren und weiteren Umgebung. Sein Beitrag zum Zusammenfinden ist vergessen und das Werk selber ward nur mehr auf Auktionen geschätzt, wo der bescheidene Erlös von heimischen Buchhändlern, Antiquaren und den wenigen Spekulanten als – in deren Augen – generöser Ertrag eingebucht wurde.

Mit diesem sprachlichen Einschleifen einher ging auch die Versandung des Hafens. Über die Zeit vergilbte auch das Pergament, auf dem in beiden heimischen Sprachen das Regular des gemeinsamen Wirkens für alle verfasst und zur Kenntnisnahme angeschlagen ward. Mehr und mehr war nur noch die eine Sprache, die sich vordrängte und über die andere stellte, zu sehen. So wurde die einst würdige Marktordnung – fast für 200 Jahre – zum amputierten Relikt des ***Zommstehn am Mårkt.***

Die aus der Umgebung winters wie sommers die Städter versorgenden Bauersleut behielten die Redegewohnheiten bei und sprachen die gewohnte erste Sprache im Land – und auch so mancher zu Geld gekommene Händler brillierte in seiner sprachlichen Virtuosität.

In der steinernen Stadt wurden von Anfang an auch gescheite Bücher gedruckt und in einer Zeitschrift für gebildete Leute, oder für die, die sich dafür hielten, bedeutend verziert mit altem lateinischen Namen, fanden sich anfänglich auch Gedichte und kleine Notate in der ersten hier gesprochenen windischen Sprache, die wohl auch ihren Wandel von Windisch zu Slowenisch erfuhr, um alle gut hundert Dialekte unter einen allgemeingültigen Hut zu bringen. Mit der Umbenennung der windischen Sprache zur slowenischen ging einher, dass die neuen, zu Wohlstand gekommenen Bürgerinnen und Bürger in ihren steinernen Bauten begannen, die eine heimische Sprache als minder, als weniger wert zu betrachten. Vermeintlich haftete an ihr der bäuerliche Stallgeruch und die Kargheit des Lebens.

Ein weiteres Jahrhundert verging, um diese Behauptung der Minderwertigkeit der einen Sprache, für deren Beweis Kolonnen von Wissenschaftlern bemüht wurden, geschichtlich zu beweisen und endgültige Tatsache werden zu lassen, dass das Windische, einst die hehre Bezeichnung einer jahrtausendalten ebenbürtigen Schriftsprache, keine ebenbürtige Ausdruckskraft besäße.

Durch die abwertende Beweisführung, die man dem Windischen, dem Slowenischen im zwanzigsten Jahrhunderts antat, drängte man die Knechte, die ins Elend getriebenen Bauern, die Keuschler und Priester, die Hausfrauen und Holzarbeiter, Maurer und Schindelmacher, Tischler und Zimmerer, Fuhrleute und Hirten, die in ihrer Sprache dichteten, sangen, beteten und redeten, in die Hinterhöfe, weil das laut gängigen Theorien keine richtige Sprache wäre, vielmehr hauptsächlich aus Lehnwörtern des Deutschen bestünde. Daher stammt die zur Materialisierung der Minderwertigkeit genährte Abwertung, mit der verschleiert werden muss, dass auch die in den steinernen Höfen Residierenden nur sich selber verächtlich machen, indem sie die einstige Kindheitssprache verstoßen. Die Blindheit ihrer subjektiven Wissenschaftlichkeit hat sie auch übersehen lassen, dass in der Zwischenzeit diese windisch-slowenische Sprache durch das slowenisch-deutsche Wörterbuch von Maks Pleteršnik aus den Jahren 1894/95 zum Haupthelden der Weltliteratur werden konnte, und, durch den Nobelpreis geadelt, alle Lügen der Vergangenheit und jede Entwürdigung aufgehoben sind. Die Vertreter der Minderwertigkeit haben sich selbst aus der Geschichte genommen.

Diese über die Jahrzehnte dominante Überheblichkeit den Slowenischsprechenden gegenüber war der Grund, warum die, die Teller in den steinernen Häusern spülten und Windeln wuschen und bügelten, mit ihren Verwandten vom Markt, die das Gemüse auf die Teller in die steinernen Häusern lieferten, öffentlich immer weniger in ihrer Kindheitssprache zueinander zu sagen hatten. Sehr bald mussten sie erkennen, dass das offene Gespräch unter Verwandten nicht erwünscht, später nicht erlaubt war und sich das ***Zommstehn am Mårkt*** zu teilen begann: in solche, die die vermeintliche Herrschaftssprache, und solche, die die vermeintlich minderwertige Kindheitssprache, die befleckte Sprache sprachen. Die aus den Steinbauten wurden zunehmend lauter, die in die Keuschen und Huben gedrängten und von den Märkten vertriebenen Menschen verstummten oder wurden immer leiser, bis ihnen die Sprache unter Todesandrohung endgültig genommen wurde. Viele von denen wurden später verschleppt und kamen nicht wieder. Man hat ihnen die Höfe, die Keuschen, die Huben genommen, die Bücher, die sie lasen, verbrannt. Man hat sie zu Nummern gemacht und warf ihnen vor, nicht lebenswert, Menschen zweiter Klasse zu sein und Untermenschen, zur Vernichtung freigestellt.

„Noch lange nach dieser Zeit der langen Messer hat man sie verächtlich behandelt, …“

ZOMMSTEHN | *INSIEME* | *NA PVACU*

„Aber auch das Fuchteln half letztendlich nichts. Es lag was in der Luft.“

Noch lange nach dieser Zeit der langen Messer hat man sie verächtlich behandelt, weil sie, die Knechte und Dirnen, die Keuschler und Kleinbauern, die Drahtzieher, die Nagelschmiede und Holzfäller, die Hausfrauen, die Marktfahrer und Gemüsefrauen, und auch akademisch gebildete Frauen und Männer, weil gerade sie in die Wälder gingen, obwohl sich die Fichten nicht überzeugen ließen, wo sie in kalten Wintern hungernd verfolgt, gejagt, verwundet und erschossen wurden, wo sie sich den auf tausend Jahre eingestellten Barbaren widersetzen und sie besiegten. Nicht nur sich selbst haben sie damit gerettet, nicht nur ihre eigene Sprache haben sie wiederbelebt, sie haben auch den sie verächtlich Machenden die Möglichkeit geboten, auf den Weg der Achtung und Würde zurückzukehren und Versäumtes nachzuholen. Sie taten es, obwohl sie ihre eigenen Familien in Gefahr brachten, auch für jene, die ihnen die Bücher verbrannten, sie vertrieben und ermordeten. Zu dieser Zeit gab es kein ***Zommstehn am Märkt***.

Was es aber zu dieser Zeit gab und was um sich griff, war das Gegröle und das laute Knallen der Humpen auf den Tisch, das Protzen und sich Produzieren, das Marschieren und mit gewichsten Stiefeln im Stechschritt durchs Dorf Trampeln – im Ledermantel, mit gerecktem Hals und ausgestreckter Hand. Sie haben nach falschen Worten spioniert, denunziert, verraten, gefoltert und gläubige Menschen und aufrecht gebliebene in den Kerker gebracht.

Als dann die Tausendreichler besiegt waren, keimte ein wenig Hoffnung auf. Die verschmähte Sprache und ihre Sprecher wurden eine Zeit lang nicht so sehr wie schon gewohnt missbilligend und schief angesehen. Aber man hat sich bei ihnen auch nicht bedankt. Man wollte sich bessern und lehrte sogar die Kindheitssprache allen Kindern im Land in den Schulen. Die Mörder und die Denunzianten duckten sich für kurze Zeit, bekamen aber schon bald neuen Zuspruch und die gemeinsame Konstante der ordnenden Strukturen baute schon bald wieder auf die Ablehnung des Slowenischen. Man wollte sicherstellen, dass das in der Zeit der Tausendreichler Erreichte nicht mehr als unbedingt nötig aufs Spiel gesetzt würde. So war der Plan. Die Hoffnung aufs ***Zommstehn am Märkt*** wurde bei Kirchtagen und beim Kegeln neuerlich geprobt, zerbrach aber allzu oft in der Hitze des Streites. Windische, wie man sich nannte, riefen auf Slowenisch „Hauruck übern Loibl“, deutschsprechende sekundierten, die Fäuste regierten. Vom ***Zommstehn am Märkt*** war man weit entfernt, dabei ist man sich im Dorf, beim Hausbau und beim Installieren, beim Bodenbetonieren und Holzmachen, beim Schlachten und beim Wursten, beim Heugnen und beim Pfuschen respektvoll begegnet – solange nicht Wahlen vor der Tür standen, eine Bewerbung beim Magistrat oder beim Land um eine Stelle anstand, oder solange man nicht gemeinsam Karten warf und Alkohol im Spiel war.

Die jahrzehntelange Zermürbungstaktik gegen die „Slowenisierung“ des Landes war Vorwand genug, um als Überschrift mit Drohcharakter zu fungieren: der Dreiparteienpakt, mit dem dann über Jahrzehnte gefuchtelt wurde.

Aber auch das Fuchteln half letztendlich nichts. Es lag was in der Luft. Die Sprache wollte Sichtbarkeit, nicht mehr im Verborgenen vegetieren, die Menschen wollten die Namen ihrer Dörfer auch auf Ortstafeln sehen.

Die ersten Vervollständigungen der Ortstafeln mit den alten, heimischen Namen kamen, ein „Komitee zur Aufdeckung verdeckter Konflikte“ war zur Stelle, von 68ern aktiviert, und legte den Finger in alte Wunden.

Verbrannte Bücher wurden neu aufgelegt und dem Unverständnis wurde mit Übersetzungen begegnet; neue Gedanken durchfluteten das Land, grenzüberschreitende Kulturräume wurden zum Korrektiv und trafen sich mit den im Äther in Bewegung gekommenen zwei- und mehrsprachigen Melodien und gingen gemeinsam weiter; die Hoffnung, die Geschichte vom Kopf wieder auf die Füße zu stellen, der Sprache die einstige Achtung und neue Würde zu geben, keimte auf, und erste Versuche, in Zeiten der schwindenden Umzäunungen, wo keine oder wenig Einflüsse von außen den jahrhundertealten Ablauf des Lebens störten, bedienten sich zunehmend mehr Menschen der grenzenlosen Möglichkeiten der Kommunikation,

trafen sich auf der Agora, trafen sich auf dem Marktplatz der Grenzenlosigkeit und nutzen die Freiheit, um sich in den eigenen Sprachen zu verständigen, machten sich um die Flur- und Hofnamen stark und erkannten, wie viel Wissen sich in diesem Leitsystem der Vorvorderen verbirgt, welch kulturelle Leistung im sprachlichen Ausdruck zutage tritt und welch wertvolle Erfahrung verloren zu gehen drohte. In der grenzenlosen Agora des Internets trafen sich Bedürfnis nach Erinnerung, Heimat, Zusammengehörigkeit – und wie schnell auf einmal der kulturelle Wert und die in den Ortsnamen verborgene genetische Information und Mystik gehoben werden konnte. Der Dreiparteienpakt schwächelte zuerst und wurde dann fristlos entlassen, nachdem klar ersichtlich wurde, wie sich – leise und reziprok – Kultur, Übersetzung, Wissen und Kenntnis zunehmend der Dumpfheit, der nationalistischen Beschränkung, der vermeintlichen eigenen Minderwertigkeit und der Opferrolle widersetzten.

ZOMMSTEHN | *INSIEME* | *NA PVACU*

> *„Die Zunge reicht halt doch weiter als die Hand.“*

Das Zusammenkommen in der weltweiten Agora weckte die Sehnsucht, auch wieder jenen in der Nähe zu begegnen und zu erfahren, wo man sich ähnelt, wo man verwandt und wo man sich bekannt ist. Das Reden und das Erfahrenwollen, wer man ist und wo man auf der Strecke in welche Richtung abgebogen ist, war mit Neugierde gespickt. Verschlossene Grenzen wurden auf einmal wieder übertretbar und man merkte, dass hinter den sieben Bergen Menschen mit ähnlichen Sorgen wohnten. Man redete und erfuhr, wo sie der Schuh drückt, und merkte, dass es dieselbe Stelle ist, die einem selbst wehtat; man setzte sich hin, man trank und folgte der Zunge und bekam oft genug Teller serviert, die den heimischen nicht unähnlich, nur vielleicht feiner waren. Man nahm die verwandten Geschmäcker nach Hause mit und freute sich, als sich auf den Märkten die hergebrachten mit den heimischen Produkten zu mischen begannen, stellte sich einen feinen Tischwein aus den südlicheren sonnigen Regionen auf den Tisch oder holte sich schwere, edle Tropfen und überbot sich beim ***Zommstehn am Mårkt*** mit Geschichten.

Die Zunge reicht halt doch weiter als die Hand. Die Neugierde ist der moderne Kompass, die offenen Grenzen bilden die Sicherheit, um nicht wieder zurückzufallen in die einengende Welt, die unseren Horizont beschneidet. Die Tage der alpen-adriatischen Küche erinnerten Klagenfurt an seine gelebte Offenheit zur Gründerzeit im 16. Jahrhundert und erneuerten die Sehnsucht zum ***Zommstehn am Mårkt.***

Seit Neuestem hat Klagenfurt im Zentrum der Stadt einen Hafen. Der Jugo bringt Sand aus der Sahara, die Möwen sind Vorboten, legt man sein Ohr ans Gesims aus Kreuzbergelschiefer, hört man die Wellen rauschen und ist versucht, seine Zehen ins Wasser zu stellen.

In diesem Hafen gibt es zwar keine Marina für Boote. In diesem Hafen gibt es einen Markt, wo sich Prätentionen des Gaumens mit Sehnsüchten treffen. Wir sind beim Zommstehn am Mårkt. *Mi smo na pvacu!*

Zommstehn am Mårkt. Insieme al mercato

di Lojze Wieser

Klagenfurt ha da poco un porto nel centro della città. Lo scirocco porta la sabbia del Sahara, i gabbiani sono forieri, il rumore delle onde si uniforma se si mette l'orecchio al cornicione e agli atlanti in ardesia di Kreuzbergl delle arcate e porticati nei cortili interni. Le onde che bagnano le dita dei piedi rinfrescano.

Questo porto, non ancora adibito all'ormeggio delle barche, presenta un mercato di prelibatezze culinarie selezionate, delle gioie del palato, dove i migliori vini del Sud e dello spazio alpino adriatico si sono riuniti per stringere la mano agli intenditori.

Può essere una coincidenza che questo porto abbia allestito un mercato nell'Ossiacher Hof. Fino a che punto ci sia un legame storico con il racconto sull'antichissima, profonda e scura acqua dietro le Alpi di Ossiach, l'Ossiacher See (il lago Ossiach), rimane una questione aperta. Il fatto che un re polacco abbia espiato qui le proprie colpe sotto il nome di Mutec Osojski, ovvero "il Muto di Ossiach", ha poca importanza per la nostra riflessione. Ma ben ne ha la casa in pietra che funge nella sua decadenza da custode dell'eremo di intimità.

Sul lago di Ossiach, Osojsko jezero, se si ascolta verso Köstenberg (Kostanje), dove si sente ancora cigolare la pressa a mano dell'editore e contadino Andrej Šuster-Drabosnjak, e in lontananza, dove „still ist übern See" (c'è calma di sopra il lago), dove la palude del Wörthersee, tra i monti Ossiacher Tauern (Osojske ture) e il monte Satnitzzug (Gure), forma l'inizio del bacino di Klagenfurt (Celovško polje) nel velo delle frange di nebbia crescente si può, se si ha un po' di immaginazione, scorgere il nuovo porto.

Gli alberi delle barche a vela sono ancora in fase di piallatura, ma i primi pescatori, commercianti, locandieri e molti curiosi nuovi arrivati da tutti i lati della parte centrale del continente si sono trasferiti qui. Tutti i migranti economici secondo la lettura contemporanea, sono venuti su invito dell'editto di Massimiliano, perché qui c'era lavoro e libertà di culto. Si sono riuniti al mercato presso il molo, hanno spiegato le vele contro il caldo e le hanno stese sopra le loro teste contro la pioggia e contro il sole e hanno cominciato a sistemarsi nei locali degli artigiani, dei fabbri, dei tessitori, dei falegnami e dei tornitori, degli scalpellini e dei muratori.

„Si sono riuniti al mercato presso il molo, hanno spiegato le vele contro il caldo e le hanno stese sopra le loro teste per proteggersi dalla pioggia e dal sole."

ZOMMSTEHN | *INSIEME* | *NA PVACU*

„Le loro melodie linguistiche dalle più svariate sfumature si ritrovarono sul molo presso lo Zommstehn am Markt."

Così sono rimasti insieme fin dall'inizio, si sono incontrati allo Zommstehn am Mårkt e hanno scacciato la loro solitudine e negli anni sono diventati una comunità, nella quale i professionisti, le corporazioni, i contadini della zona producevano ortaggi, grano, carne, legno, zappe e pale e altro; dove, sempre pronti ad aiutarsi a vicenda, con le loro melodie linguistiche delle più svariate sfumature si ritrovavano sul molo presso ***Zommstehn am Mårkt***, nel Landhaushof e nei palazzi rinascimentali – sulle impalcature mentre costruivano, commerciavano e contrattavano, mentre la città di pietra stava crescendo (in pietra affinché non venisse distrutta di nuovo come in precedenza, quando un incendio la divorò fin dalle sue fondamenta perché costruita in legno).

L'eco della pietra calcarea a sud e la risonanza del marmo di Pörtschach e dell'ardesia di Kreuzbergl intrecciavano il suono morbido e polifonico, che riecheggiava nell'acqua salmastra della brughiera in un'indivisibilità di suono e tono, di lingua e canto, di conoscenza e comprensione, che come culla di musicalità e polifonia, anzi di forza spirituale, di intellettualità, accompagnava gli abitanti nel corso dei secoli, sebbene le lingue isolate si fossero già da tempo fuse nelle due lingue che erano diventate del posto. Il dizionario quadrilingue "Megiser", tedesco-latino-italiano-sloveno (allora chiamato windisch), riuscì a conferire uno status di parità alle lingue locali. Accompagnò meritoriamente gli inizi dell'esistenza nella città di pietra. In tempi successivi fu considerato sempre più come una curiosità che non aveva nulla a che fare con la vita qui, pari al rifiuto del protestantesimo. Solo la bizzarra apparizione di un monaco autistico, ma non la risposta a domande scottanti sulla convivenza, nel mercato, nella città di pietra e nei dintorni vicini e lontani. Il suo contributo all'unione è stato dimenticato e l'opera stessa venne valutata solo alle aste, dove il modesto ricavato agli occhi dei librai, degli antiquari locali e dei pochi speculatori fu considerato come un'entrata generosa.

Questo "intaglio" linguistico fu accompagnato anche dall'insabbiamento del porto. Con il tempo ingiallì anche la pergamena, su cui vi era scritto in entrambe le lingue locali il regolamento dell'operato comune e che era stata affissa per informare chiunque. Si vedeva sempre più una sola lingua che avanzava e aveva la precedenza sull'altra. Così l'allora dignitoso Regolamento del mercato divenne – quasi per 200 anni – una reliquia amputata dello ***Zommstehn am Mårkt***.

I contadini del circondario, che rifornivano i cittadini sia d'inverno che d'estate, conservarono le loro abitudini linguistiche e parlavano la consueta prima lingua del paese. Anche molti commercianti arricchiti mettevano in mostra il loro virtuosismo linguistico.

Fin dall'inizio, nella città di pietra, furono stampati libri arguti e in una rivista per persone colte, o per coloro che credevano di esserlo, significativamente adornata da un antico nome latino, inizialmente c'erano anche poesie e piccole annotazioni nella prima lingua windisch parlata qui, che probabilmente aveva subito un cambiamento da windisch a sloveno per portare tutti i circa cento dialetti sotto un unico "tetto" valido universalmente. La ridenominazione della lingua "windisch" in "sloveno" fu accompagnata dal fatto che i nuovi cittadini e cittadine benestanti nei loro edifici in pietra cominciarono a considerare la lingua locale come inferiore e non di valore. Probabilmente era dovuto all'odore della stalla contadina e alla sterilità della vita. Passò un altro secolo per dimostrare storicamente questa affermazione di inferiorità della lingua unica, per la cui prova furono impiegate sfilze di scienziati, e per rendere definitivo il fatto che il windisch, allora nobile denominazione di una lingua scritta millenaria e di pari valore, non deteneva una medesima forza espressiva.

Attraverso l'etichetta di inferiorità che si era data al windisch, allo sloveno nel ventesimo secolo, i servi, i contadini ridotti alla miseria, i pudichi e i preti, le casalinghe e i legnaioli, i muratori e i carpentieri, i falegnami, i carrettieri e i pastori, che poetavano, cantavano, pregavano e parlavano nella loro lingua, furono spinti nei cortili perché, secondo le teorie in uso, non si trattava di una lingua vera e propria la loro, ma piuttosto consisteva principalmente in prestiti dal tedesco. È da qui che risale la svalutazione alimentata per materializzare l'inferiorità, con la quale si doveva mascherare il fatto che anche coloro che risiedevano nei cortili di pietra screditavano loro stessi ripudiando la lingua della propria infanzia. La cecità della loro scientificità soggettiva però li fece anche trascurare il fatto che nel frattempo questa lingua windisch-slovena era diventata eroe principale della letteratura mondiale grazie al dizionario sloveno-tedesco di Maks Pleteršnik del 1894-95 e nobilitata da un premio Nobel. Tutte le menzogne del passato e ogni degradazione vennero così annullate. Gli esponenti dell'inferiorità abbandonarono le scene della storia.

„Poi quando i despoti millenari furono sconfitti, fiorì una piccola speranza.“

Questa presunzione nei confronti dei parlanti sloveni, che aveva dominato nel corso dei decenni, fu la ragione per la quale coloro che pulivano i piatti nelle case di pietra e lavavano e stiravano i pannolini con i loro parenti del mercato, i quali portavano le verdure nei piatti delle case di pietra, avevano sempre meno da dirsi in pubblico nella lingua della loro infanzia. Molto presto dovettero rendersi conto che la conversazione aperta tra parenti non era gradita, successivamente non era più permessa e lo ***Zommstehn am Mårkt*** cominciò a dividersi tra coloro che parlavano la presunta lingua dominante e coloro che parlavano la presunta lingua inferiore dell'infanzia, la lingua contaminata. Quelli degli edifici in pietra diventavano sempre più rumorosi, quelli ammassati nei casolari e nelle capanne, cacciati dai mercati, tacevano o diventavano sempre più silenziosi, fino a quando la loro lingua fu tolta definitivamente sotto minaccia di morte. Molti di loro furono poi deportati e non ritornarono più. Furono privati delle loro fattorie, dei casolari, delle capanne, i libri che leggevano furono bruciati. Furono trasformati in numeri e accusati di non essere degni di vivere, di essere uomini di seconda classe ed esseri inferiori, lasciati liberi per lo sterminio.

Molto tempo dopo questa notte dei lunghi coltelli erano ancora trattati con disprezzo perché loro, i servi e le meretrici, i pudichi e i piccoli contadini, i burattinai, i chiodaioli e i taglialegna, le casalinghe, i commercianti e ortolani, e anche le donne e gli uomini accademicamente formati, perché proprio loro, se ne andarono nelle foreste, sebbene "gli abeti non si lasciavano convincere" (die Fichten nicht überzeugen ließen), dove nei freddi inverni soffrirono la fame, furono cacciati, feriti e fucilati, dove sfidarono e sconfissero i barbari ambientati da migliaia di anni. Non solo salvarono sé stessi, non solo fecero rivivere la propria lingua, ma diedero a coloro che li disprezzavano la possibilità di ritornare sulla via del rispetto e della dignità e di recuperare il tempo perso. Lo fecero anche a costo di mettere in pericolo le loro famiglie, comprese quelle che furono cacciate e uccise e quelle a cui bruciarono i libri. A quel tempo non c'era uno ***Zommstehn am Mårkt*** .

Ma ciò che c'era a quel tempo e che suscitava un vespaio erano le grida e il forte sbattere dei boccali sul tavolo, l'ostentare e il produrre, il marciare e il calpestare a passo di parata per il villaggio con stivali lucidati – in un cappotto di pelle, con il collo allungato e la mano tesa. Spiavano, denunciavano, tradivano, torturavano e mettevano in prigione i credenti e gli onesti usando parole false.

Poi quando i despoti millenari furono sconfitti, fiorì una piccola speranza. Per un po' la lingua disprezzata e i suoi parlanti non furono guardati con tanta disapprovazione e asprezza come erano abituati in precedenza.

Ma nemmeno li ringraziarono. La gente volle ravvedersi e persino insegnò nelle scuole la lingua dell'infanzia a tutti i bambini. Gli assassini e delatori abbassarono la testa per un breve periodo, ma ben presto ottennero nuovi incoraggiamenti e la costante comune delle strutture normative si basò nuovamente sul rifiuto dello sloveno. Volevano assicurarsi che ciò che era stato raggiunto al tempo dei despoti millenari non fosse messo a rischio più del necessario. Questo era il piano. La speranza dello Zommstehn am Mårkt fu riproposta nelle sagre e tra le piste da bowling, ma troppo spesso si spezzava nel fervore della discussione. I "windische", come si definivano, gridavano in sloveno "Hauruck übern Loibl", i parlanti tedesco assistevano, e i pugni regnavano. Era molto distante dallo ***Zommstehn am Mårkt***, ma allo stesso tempo nel villaggio quando si costruivano le case, si cementavano i pavimenti e si faceva la legna, si macellava e si insaccava, si faceva il fieno e si facevano pasticci, le persone si rispettavano; finché non c'erano elezioni imminenti, non si presentava una domanda al consiglio comunale o allo Stato per un posto di lavoro, o finché non si lanciavano le carte e c'era in gioco l'alcol. La decennale tattica di logoramento contro la "slovenizzazione" del Paese fu un pretesto sufficiente per fungere da titolo dal carattere minaccioso: il patto tripartito, che venne sventolato poi per decenni.

Ma alla fine sventolarlo non aiutò. C'era qualcosa nell'aria. La lingua voleva visibilità, visto che non vegetava più nell'oscurità, la gente voleva vedere i nomi dei propri villaggi anche sui segnali delle località. Le prime insegne dei cartelli contenevano vecchi nomi locali, un "Comitato per la scoperta dei conflitti nascosti" era sul posto, spronato da sessantottini, e metteva il dito nelle vecchie piaghe. I libri bruciati vennero ristampati e l'incomprensione si incrociò con le traduzioni; nuovi pensieri inondarono il Paese, le aree culturali transfrontaliere divennero un correttivo, e si incontrarono con le melodie bi- e plurilingue che avevano cominciato a muoversi nell'etere ed erano proseguite insieme. La speranza di capovolgere di nuovo la storia, di ridare alla lingua il rispetto di un tempo e una nuova dignità, germinò, e nei primi tentativi, in tempi di "recinti" in diminuzione, dove nessuna o poche influenze esterne disturbavano il corso secolare della vita, sempre più persone fecero uso delle sconfinate possibilità di comunicazione: si incontravano nell'Agorà, nel mercato dell'immensità e usavano la libertà di comunicare nella propria lingua, raccontavano storie sui nomi dei campi e delle fattorie e si resero conto di quanta conoscenza era nascosta in questo sistema pilota degli antichi, quale conquista culturale affiorava nell'espressione linguistica e quale preziosa esperienza rischiava invece di andare perduta.

„I libri bruciati vennero ristampati e l'incomprensione fu superata dalle traduzioni...“

ZOMMSTEHN | *INSIEME* | *NA PVACU*

» In questo porto c'è un mercato, dove le gioie del palato incontrano un senso di nostalgia. «

Nella sconfinata Agorà di internet si sono incontrati il bisogno di memoria, di "casa", di unione; e con quanta rapidità è stato possibile risollevare il valore culturale, l'informazione genetica e il misticismo nascosti nei nomi dei luoghi. Il patto tripartito si indebolì inizialmente e poi fu liquidato senza preavviso, dopo che divenne chiaramente evidente come, silenziosamente e reciprocamente, la cultura, la traduzione, il sapere e la conoscenza si opponessero sempre più all'ottusità, alla restrizione nazionalista, alla presunta inferiorità propria e al ruolo di vittima.

Il raduno nell'Agorà globale aveva risvegliato il desiderio di rincontrare le persone con le stesse origini e scoprire dove e quanto si era simili, se si era imparentati e dove ci si era conosciuti. Parlare e voler conoscere la propria identità, in quale direzione del percorso di vita si aveva svoltato: era mosso tutto dalla curiosità. Le frontiere chiuse erano di nuovo attraversabili e si resero conto che dietro le sette montagne, vivevano persone con preoccupazioni simili. Si confrontarono e impararono, dove stava il problema, e si resero conto che era nello stesso punto che faceva male a loro stessi; si sedevano, bevevano e seguivano la lingua, e spesso venivano serviti piatti che non erano diversi da quelli di casa propria, solo forse più raffinati. Si portavano a casa i relativi sapori e gioirono quando i prodotti tradizionali iniziarono a mescolarsi con quelli locali nei mercati, quando iniziarono a mettere in tavola un buon vino delle soleggiate regioni meridionali o a procurarsi dei vini nobili e pesanti e si offrivano più storie presso lo ***Zommstehn am Märkt.***

La lingua va più lontano della mano. La curiosità è la bussola moderna, le frontiere aperte costituiscono la sicurezza, per non ricadere nel mondo costrittivo, che limita i nostri orizzonti. Le giornate dedicate alla cucina Alpe-Adria hanno ricordato Klagenfurt nella sua apertura vissuta all'epoca della fondazione nel XVI secolo e hanno rinnovato la nostalgia per lo ***Zommstehn am Mårkt*** .

Klagenfurt ha da poco un porto nel centro della città. Lo scirocco porta la sabbia del Sahara, i gabbiani sono forieri, se si appoggia l'orecchio al cornicione in ardesia di Kreuzbergl, si sentono le onde infrangersi e si è tentati di mettere le dita dei piedi in acqua.

In questo porto non ci sono ormeggi per le barche. In questo porto c'è un mercato, dove le gioie del palato incontrano un senso di nostalgia. Siamo allo ***Zommstehn am Mårkt.***
Mi smo na pvacu! Insieme al mercato.

Zommstehn am Mårkt. Mi smo na pvacu!

Lojze Wieser

Pred kratkim je Celovec dobil pristanišče v središču mesta. Jugo prinaša pesek iz Sahare, galebi so glasniki, če pa prisloniš uho na strešni zidec in atlante iz skrilavca s Križne gore (Kreuzbergl) na obokih in arkadnih hodnikih notranjih dvorišč, slišiš šumenje valov. Valovi, ki močijo nožne prste, osvežuejo.

V tem pristanišču, kjer zaenkrat še ni privezov za barke, je tržnica izbranih kulinaričnih dobrot za zahtevne brbončice, kjer so se zbrale najžlahtnejše kapljice juga in alpsko-jadranskega prostora, da bi segle v roko poznavalcem.

Dejstvo, da je to pristanišče prizorišče tržnice v Ossiacher Hofu bi lahko bilo naključje. Ali je to povezano z zgodbo o starodavni, globoki in temačni vodi za Osojskimi Alpami, Osojskim jezerom, je še vedno odprto vprašanje. To, da se je tu pokesal poljski kralj Mutec Osojski, ni pomembno za naše razmišljanje. Je pa toliko bolj pomembna kamnita hiša, ki v vsej svoji dekadenci ohranja prijetno počutje.

Osojsko jezero, tam proti Kostanjam (Köstenberg), kjer se še danes sliši škripanje ročne tiskarske preše založnika in kmeta Andreja Šusterja Drabosnjaka in v daljavi, kjer je nad jezerom spokoj („still ist übern See"), močvirje Vrbskega jezera, med Osojskimi turami in Gurami, v tančici dvigajoče se megle oblikuje začetek Celovške kotline, kjer lahko, z malo domišljije, zagledamo novo pristanišče.

Jambore jadrnic je treba še izoblati, ampak prvi ribiči, trgovci, gostilničarji, radovedneži in prišleki iz vseh koncev osrednjega dela celine so se preselili sem. Vsi ekonomski migranti so, po sodobih virih, prišli na povabilo Maksimilijanovega patenta, saj je tukaj bilo dovolj dela za vse in verska svoboda.
Zbrali so se na tržnici blizu pomola, razprli so jadra, da bi se zaščitili pred vročino in jih razgrnili nad glavami, da bi se obranili pred dežjem in soncem ter se začeli nameščati v delavnicah obrtnikov, kovačijah, tkalnicah, mizarskih in strugarskih, kamnoseških in zidarskih.

Richard Kaplenig, 2021 Privatbesitz

ZOMMSTEHN | *INSIEME* | *NA PVACU*

„Tukaj je bilo dovolj dela za vse in verska svoboda."

Tako so ostali skupaj od samega začetka, srečevali so se na *pvacu* (Zommstehn am Mårkt) in preganjali samoto, z leti so postali skupnost, v kateri so mojstri, cehi in kmetje pridelovali zelenjavo, pšenico, meso, les, izdelovali motike in lopate in ostalo; kjer so se njihovi jeziki v vseh možnih odtenkih dobivali na pomolu na *pvacu* v Landhaushofu in renesančnih palačah – na zidarskih odrih medtem, ko so gradili, trgovali in se pogajali, medtem ko je kamnito mesto raslo (iz kamna, da ne bi bilo ponovno uničeno, kot poprej, ko ga je pogoltnil požar, ker je bilo popolnoma zgrajeno iz lesa).

Odmev apnenca na jugu in zven marmorja v Porečah (Pörtschach) ter skrilavca na Křižni gori so se uglasili v mehak in večglasen zvok, ki je odmeval v slani vodi vresišča, nedeljiv v svojem zvoku in zvenu, jeziku in petju, poznavanju in razumevanju, ki je kot zibelka muzikalnosti in večglasja, duhovne in intelektualne moči spremljala prebivalce skozi stoletja, pa čeprav so se posamezni jeziki že pred časom zlili v dva, ki sta postala domača. Megiserjev štirijezični slovar, nemško-latinsko-italijansko-slovenski (takrat imenovan še vindiški) je vse lokalne jezike postavil na isto raven. Odlično je spremljal začetke obstoja v kamnitem mestu. Z leti je ta postal zgolj nekakšna zanimivost, ki ni imela nič kaj opraviti s tamkajšnjim življenjem, podobno kot so zavračali protestantizem. Le nenavadna pojava nekega avtističnega meniha, ne pa tudi odgovor na žgoča vprašanja o sobivanju na tržnici, v kamnitem mestu in bližnji ter daljni okolici. Njegov prispevek k skupnosti je bil pozabljen, delo samo je bilo ovrednoteno le na dražbah, kjer je skromen zaslužek v očeh knjigarnarjev, lokalnih starinarjev in posameznih špekulantov bil zajeten dobiček.

To „tesanje" jezika je spremljalo tudi zasutje pristanišča. S časom je porumenela tudi pergamena, na kateri je bil pravilnik o skupnem delu zapisan v obeh lokalnih jezikih in ki je bila izobešena, da jo je lahko vsak prebral. Vedno bolj je v ospredje silil samo en jezik in počasi prehitel drugega. Tako je takrat cenjeni Celovški tržni red postal, in skoraj 200 let ostal, relikt, ki so ga odvzeli *pvacu*.

Okoliški kmetje, ki so mesto oskrbovali tako pozimi kot poleti, so ohranili svoje jezikovne navade in govorili običajen prvi vaški jezik. Tudi številni trgovci, ki so obogateli, so se bahali s svojo jezikovno virtuoznostjo.

Od samega začetka so v kamnitem mestu tiskali pametne knjige in v neki reviji za izobražene ljudi ali tiste, ki so se šteli za take, pomembno okrašene s starimi latinskimi imeni, so na začetku bile tudi pesmi in pripisi v prvem vindiškem jeziku, ki so ga govorili tu in se je verjetno spremenil iz vinidiškega v slovenskega, da bi vseh približno sto narečji spravili pod isto streho, enako za vse.

Preimenovanje vindiškega jezika v slovenskega je spremljalo dejstvo, da so novi dobrostoječi meščani in meščanke v svojih kamnitih stavbah začeli zaničevati lokalni jezik. Verjetno je to bilo povezano z vonjem po kmečki štali in bornim življenjem. Preteklo je še eno stoletje do takrat, ko so zgodovinsko začeli dokazovati, da je en jezik manjvreden, za kar so vpregli celo vrsto znanstvenikov, ki so definitivno dokazali, da do takrat plemenito poimenovan vindiški jezik, tisočletni in enakovredni pisani jezik, ni imel iste izrazne moči.

Zaradi tega dokaza, ki so ga dali vinidiškemu jeziku, slovenščini v dvajsetem stoletju, so sluge, obubožani kmetje, hlapci in duhovniki, gospodinje in drvarji , zidarji in tesarji, mizarji, furmani in pastirji, ki so pesnili, prepevali, molili in govorili v lastnem jeziku, bili odrinjeni na dvorišča, ker po takratnih terorijah njihov jezik ni bil ta pravi jezik, ampak si je sposojal besede iz nemščine. Od tod izvira napihnjena diskreditacija jezika, da bi uresničili manjvrednost, s katero so morali zakriti dejstvo, da so tudi tisti, ki so se naseljevali v kamnita dvorišča sami sebe poniževali s tem, da so zavračali jezik svojega otroštva. Zaradi slepe vere v njihovo kvaziznanost so spregledali dejstvo, da je medtem ta vindiško-slovenski jezik postal glavni junak svetovne književnosti zahvaljujoč nemško-slovenskemu slovarju Maksa Pleteršnika iz leta 1894-95, ki je prejel Nobelovo nagrado.

Vse laži iz preteklosti in vsaka degradacija sobile tako izničene. Zagovorniki manjvrednosti so tako izginili z odra zgodovine.

Ta ošabnost do slovensko govorečih, ki je prevladovala desetletja, je bil razlog zaradi katerega so si tisti, ki so pomivali posodo v kamnitih hišah ter prali in likali plenice s svojimi sorodniki s tržnice, ki so prinašali zelenjavo na krožnike v kamnite hiše, imeli vedno manj za povedati v jeziku svojega otroštva.

Dokaj hitro so se zavedli, da odprti pogovor med sorodniki ni dobrodošel, potem ni bil več dovoljen in *pvac* se je začel deliti na tiste, ki so govorili takoimenovani dominantni jezik in tiste, ki so govorili domnevno nižji jezik otroštva, onesnaženi jezik. Tisti iz kamnitih stavb so postajali vedno bolj glasni, tisti nagrmadeni v kolibah in skromnih domačijah, pregnani s tržnice, so molčali ali pa so postajali vedno bolj molčeči, vse do takrat, ko so jim dokončno vzeli njihov jezik, za ceno življenja. Veliko je bilo deportiranih, ki se niso nikoli več vrnili. Odvzeli so jim njihove kmetije, kolibe, knjige, ki so jih brali so sežigali. Postali so številke in obtoženi, da niso vredni živeti, da so drugorazredni ljudje in nižja bitja, prepuščena uničenju.

„Medtem je ta vindiško-slovenski jezik postal glavni junak svetovne književnosti ...“

ZOMMSTEHN | *INSIEME* | *NA PVACU*

„In potem, ko so tisočletni oblastneži bili premagani, je zasijal žarek upanja."

Še dolgo časa po tej "noči dolgih nožev" so bili še vedno zaničevani, ker so hlapci in kmetice, drvarji in kmetje, lutkarji, žebljarji in drvoseki, gospodinje, trgovci in poljedelci ter tudi izobražene ženske in moški, prav oni odšli v gozdove, čeprav se "jelke niso dale prepričati", kjer so v mrzlih zimskih nočeh trpeli lakoto, bili so izgnani, ranjeni in ustreljeni, kjer so se uprli in premagali barbare, ki so tam živeli že tisoč let. Niso le rešili samih sebe, niso zgolj oživeli lastnega jezika, ampak so tistim, ki so jih zaničevali dali možnost, da se vrnejo na pot spoštovanja in dostojanstva in da povrnejo izgubljeni čas. To so naredili, pa čeprav so ogrožali svoje družine, vključno s tistimi, ki so jih izgnali in ubili in tistimi, katerim so sežigali knjige. Takrat ni bilo *pvaca*.

Ampak tisto, kar je takrat bilo in kar je dregnilo v osje gnezdo so bili vzkliki in vrči, ki so jih gromoglasno odlagali na mize, bahanje in razkazovanje, marširanje in tlačenje vaških ulic v paradnem koraku z zloščenimi škornji – v usnjenih plaščih, z zravnanim hrbtom in stegnjeno roko. Vohunili so, ovajali, izdajali, mučili in zapirali vernike in poštene na podlagi lažnih besed.

In potem, ko so tisočletni oblastneži bili premaganih, je zasijal žarek upanja. Nekaj časa zaničevani jezik in njegovi govorci niso bili več gledani s tolikšnim neodobravanjem in grenkobo, kot so bili vajeni v preteklosti. Ampak se jim tudi zahvalili niso. Ljudje so se hoteli pokesati in so celo otroke učili jezik otroštva. Morilci in ovaduhi so se za nekaj časa potuhnili, kar pa ni trajalo dolgo.

Hoteli so se prepričati, da vse tisto, kar so dosegli v tem času ni ogroženo. To je bil načrt. Upanje *Mi smo pvacu!* je bilo ponovno ponujeno na šagrah in med balinišči, ampak velikokrat prekinjeno zaradi žolčnih razprav. Vindiši, kot so sami sebe imenovali, so v slovenščini kričali "Nazaj čez Ljubelj!", nemškogovoreči so pritegnili in zapele so pesti. To je bilo zelo daleč od *Mi smo na pvacu!* načela, hkrati pa so se v vasi gradile hiše, polagala tla in pripravljala drva, bile so koline in klobase, spravljalo se je seno in fušalo, ljudje so se spoštovali, vse dokler niso bile na vrsti pomembne volitve ali so se naslavljale prošnje na mestni svet ali državo za delovno mesto ali pa, ko so kartali v alkoholnih hlapih. Desetletja trajajoča taktika izčrpavanja proti slovenizaciji dežele je bil zadosten razlog za grozeč naslov: trojni pakt, ki so ga razobešali še leta potem.

Ampak na koncu niti razobešanje ni pomagalo. Nekaj je bilo v zraku. Jezik je želel na plano, glede na to, da ni več životaril v temi, ljudje so hoteli videti imena naselij tudi na krajevnih tablah. Prvi napisi so vsebovali stara lokalna imena, potem je prišel nek "Odbor za odkrivanje skritih konfliktov", ki so ga poklicali revolucionarji iz leta 1968 in dregnili v stare rane. Sežgane knjige so bile ponovno tiskane, nerazumevanje se je križalo s prevajanjem, nove misli so preplavile deželo, čezmejna kulturna območja so postala korektiv in so se srečala z dvo- in večjezičnimi melodijami, ki so začele potovati po etru in skupaj nadaljevale pot.

Vzklilo je upanje v zgodovinski preobrat, jeziku so želeli povrniti nekdanje spoštovanje in dostojanstvo, in v prvih poskusih, v času, ko so padale ograje, kjer noben ali le neznaten zunanji vpliv ni ni zmotil stoletni tok življenj, je vse več ljudi začelo uporabljati neštete možnosti komunikacije: srečevali so se na trgu, na nepregledni tržnici in se svobodno pogovarjali v lastnem jeziku, si pripovedovali zgodbe o imenih polj in kmetij in začeli so se zavedati, se koliko skritega znanja je bilo v tem pilotskem sistemu starejših, kakšna kulturna pridobitev je izplavala v jezikovnem izražanju in katera dragocena izkušnja bi se lahko izgubila.

V nepregledni agori svetovnega spleta so se srečali potreba po spominu, domu, združevanju; in s kakšno hitrostjo je bilo možno ponovno dvigniti kulturne vrednote, genetsko informacijo in misticizem, ki se je skrival v krajevnih imenih. Trojni pakt je počasi oslabel in potem nenapovedano izginil, ko je postalo jasno, da se kultura, prevod, znanje in poznavanje, tiho in z roko v roki, vedno bolj upirajo zabitosti, nacionalističnim omejitvam, domnevni manjvrednosti in vlogi žrtve.

Srečanje na globalni agori je v ljudeh prebudilo željo po srečevanju drugih enakih korenin in po odkrivanju v čem in koliko so si podobni, če so v sorodstvu in kje so se spoznali. Govoriti in želja po lastne identiteti, v katero smer se je zasukalo življenje: vse je gnala radovednost. Zaprte meje so bile ponovno prehodne in zavedli so se, da za sedmimi gorami živijo ljudje z istimi problemi.

Soočili so se in naučili, kje je problem in odkrili, da točno tam boli, kjer boli tudi njih, skupaj so se usedli in skupaj pili in sledili jeziku in pogosto so postregli z jedmi, ki se niso razlikovale od tistih, ki so jih jedli doma, morda so bile le nekoliko bolj prefinjene. Domov so nosili okuse in se veselili, ko so se tradicionalni izdelki začeli mešati z lokalnimi na tržnici, ko so na mizo postavili dobro vino iz sončnih južnih dežel ali pa si pridobili žlahtna in težka vina in si ponujali še več zgodb na *pvacu.* Jezik gre dlje od roke. Radovednost je sodobni kompas, odprte meje gradijo varnost, da ne bi ponovno padli v svet, ki omejuje naša obzorja. Dnevi posvečeni kulinariki Alp-Jadrana so Celovec spomnili na njegovo odprtost v času ustanovitve v 16. stoletju in so obudili nostalgijo po skupnem bivanju na *pvacu.*

Pred kratkim je Celovec dobil pristanišče v središču mesta. Jugo prinaša pesek iz Sahare, galebi so glasniki, če prisloniš uho na strešni zidec in atlante iz skrilavca s Križne gore (Kreuzbergl) obokov in arkadnih hodnikov notranjih dvorišč slišiš šumenje valov in si želiš namočiti nožne prste v vodo.

V tem pristanišču ni privezov. V tem pristanišču je tržnica, kjer zahtevne brbončice srečujejo nostalgijo. *Mi smo na pvacu!*

„V nepregledni agori svetovnega spleta so se srečali potreba po spominu, domu, združevanju ...“

Einleitung zur Marktordnung

von Lojze Wieser

Als ich vor Jahrzehnten durch eine schlechte Kopie der Marktordnung im Schaukasten des Benediktinerplatzes erstmals von dieser Kenntnis erhalten habe, stand ich eher verwundert davor, da sich mir die Bedeutung einer derartigen Marktordnung in ihrer Einsprachigkeit nicht erschloss. Erst die später einmal als Verdacht auftauchende Vermutung, diese wäre ursprünglich zweisprachig gewesen, erhellte ein wenig die Rolle eines derartigen Dokuments. So ging sie zu jener Zeit an mir eher als Kuriosum vorbei und hat keine tieferen Spuren hinterlassen, bis auf jene vielleicht, doch nicht ganz vergessen zu werden und als kleine Besonderheit hängen geblieben zu sein.

Wieder begegnet bin ich der (vermeintlich zweisprachigen) Marktordnung aus dem Jahre 1793 im Zusammenhang mit der Bewerbung Klagenfurts 2006 zur Kulturhauptstadt – als Alpen-Adria-Region –, die gemeinsam mit Slowenien und Friaul eingereicht wurde. Hier gab es einen Reprint, der die beiden in der Stadt gesprochenen Sprachen gleichberechtigt, in zwei Spalten, die eine deutsch, die andere slowenisch, nebeneinander stellte.

Ende 2019 muss es dann gewesen sein, als mich der ehemalige Grünpolitiker und Hobbyhistoriker Reinhold Gasper ansprach und fragte, ob ich von der zweisprachigen Marktordnung von Klagenfurt Kenntnis hätte. Er besäße eine Kopie und könne mir, wenn ich interessiert wäre, eine solche anfertigen. Ich bat ihn darum, auch mit dem Hintergedanken, diese Geschichte einer breiteren Öffentlichkeit im nächsten Buch zu den Tagen der Alpen-Adria-Küche in Klagenfurt, im Band Geschmackshochzeit 2, vorzustellen.

Nachdem ich im heurigen Spätfrühling angefangen hatte, das Buch zu konzipieren, die Beiträge zu vergeben und meine eigenen Texte zu schreiben, erinnerte ich mich daran, dass der Grafiker und Freund Georg Gratzer 2006 die Bewerbungsgrundlagen gestaltet hatte, und ich hoffte schon, leichtes Spiel zu haben und von ihm – auf kurzem Wege – ein druckfähiges PDF der Marktordnung zu erhalten. Dem war jedoch nicht so, da die Unterlagen nach der erfolglosen Bewerbung, wohl auch, weil sie der Zeit voraus war, laut Gratzer allesamt eingesammelt worden wären. Er bot sich jedoch an, beim Kärntner Landesarchiv/Klagenfurt-Archiv neuerlich um ein Druck-PDF vorstellig zu werden, da es unserem Anspruch an die Buchkunst nicht genügte, ein nur schwer lesbares Dokument abzudrucken. An dieser Stelle sei dem Kärntner Landesarchiv/Klagenfurt-Archiv freundlichst für die Genehmigung des Abdrucks gedankt.

Gratzer bot sich auch an, den deutschsprachigen Text zu transkribieren. Im Zuge dessen stellte sich die Frage, ob und wo es eine Transkription des slowenischen Teils gäbe. Dabei tauchte der Name Theodor Domej auf, der nicht nur in den achtziger Jahren seine Dissertation darüber geschrieben haben soll, sondern sogar als Wiederentdecker dieses Dokuments galt. Ich rief bei Theodor Domej an. In den Jugendjahren, als wir alle in Wien waren, nannten wir ihn Fedja. Ich schrieb ihm auch und bat ihn um Hilfe. Aber es stellte sich sehr bald heraus, dass er uns mit einer Transkription nicht zur Hand gehen konnte, wohl aber bereit wäre, die Geschichte der Wiederentdeckung für das vorliegende Buch zu verfassen, was der Leserschaft nun einen Einblick in die zweisprachige Vergangenheit von Klagenfurt/Celovec ermöglicht und in diesem Buch exklusiv nachgelesen werden kann.

Domej war es auch, der auf die „Enzyklopädie der slowenischen Kulturgeschichte in Kärnten/Koroška“ (Katja Sturm-Schnabl / Bojan-Ilja Schnabl (Hg.): Böhlau 2016) verwies, in der Hoffnung, darin eine vollständige Transkription abgedruckt vorzufinden. Dank eines Geschenkes von Feliks J. Bister hatte ich einen kurzen Weg, um das zu überprüfen, und fand in der heimischen Bibliothek das dreibändige Werk und darin das wenige, was vorhanden war. Für diese Ausgabe sind wir so imstande, der Leserschaft auch den ersten Teil auf Slowenisch in Transkription – ebenfalls als Reprint – vorzulegen.

Man würde meinen, die Tatsache einer zweisprachigen Marktordnung wäre allseits bekannt und zugänglich und sollte keiner archäologischen Ausgrabung bedürfen. Der wirklich an archäologische Schnitte durch die Jahrhunderte erinnernde Vorgang war jedoch vonnöten, um dem Geist der Offenheit gerecht zu werden, der zwar seit der Gründung des modernen Klagenfurt/Celovec der Stadt innewohnte, aber nur zu oft und gerne vergessen oder bewusst zur Seite geschoben wurde – jedoch nie ganz verschwunden ist und sich immer wieder zu erkennen gab und gibt.

Introduzione al regolamento del mercato

di Lojze Wieser

Decenni fa, quando venni a conoscenza per la prima volta attraverso una brutta copia, del regolamento del mercato nella vetrina del Benediktinerplatz, rimasi piuttosto stupito perché il significato del regolamento nella sua forma solo monolingue non mi risultava chiaro. Solo il sospetto che in origine fosse stato bilingue, più tardi emerso come ipotesi, ha fatto luce sul significato di tale documento. In quel momento mi apparve solo come un fatto curioso e non lasciò tracce profonde, tranne forse il fatto che non fu completamente dimenticato e che rimase come una piccola peculiarità.

Mi sono imbattuto nuovamente nel regolamento del mercato (presumibilmente bilingue) del 1783 in relazione alla candidatura di Klagenfurt a capitale della cultura 2006, come regione Alpe-Adria insieme a Slovenia e Friuli. Qui c'era una ristampa che metteva sullo stesso piano le due lingue parlate in città, in due colonne una accanto all'altra: una in tedesco e l'altra in sloveno.

Doveva essere la fine del 2019 quando l'ex deputato del partito dei Verdi e appassionato di storia Reinhold Gasper mi avvicinò e mi chiese se conoscessi il regolamento del mercato bilingue di Klagenfurt. Ne aveva una copia e mi disse che se fossi stato interessato, avrebbe potuto procurarmene un'altra. Accettai anche con un secondo fine, ossia di presentare questa storia ad un pubblico più ampio nel nuovo libro sulle "Giornate della Cucina dell'Alpe-Adria" a Klagenfurt, nel volume "Il matrimonio del gusto 2".

Dopo aver iniziato a progettare il libro, redigere i contributi e scrivere i miei testi nella tarda primavera di quest'anno, mi sono ricordato che il mio amico e grafico Georg Gratzer aveva progettato i documenti di candidatura nel 2006 e speravo che sarebbe stato facile ricevere da lui, in breve tempo, un PDF stampabile del regolamento del mercato. Non è stato possibile però, perché dopo la candidatura non accolta, probabilmente anche perché secondo Gratzer era in anticipo sui tempi, tutta quanta la documentazione era stata ritirata. Tuttavia, si è offerto di rivolgersi nuovamente al Kärntner Landesarchiv (Archivio di Klagenfurt) per un PDF poiché per il nostro libro era necessario un documento di facile lettura. Vorremmo cogliere questa opportunità per ringraziare il Kärntner Landesarchiv (Archivio di Klagenfurt) per l'autorizzazione a pubblicarlo nel libro.

Gratzer si è offerto anche di trascrivere il testo in tedesco. Nel corso di questo è sorta la questione se e dove sarebbe stata disponibile una trascrizione della parte slovena. È emerso il nome di Theodor Domej, che non solo avrebbe scritto una dissertazione su di esso negli anni '80, ma è stato addirittura considerato il riscopritore di questo documento. Allora chiamai Theodor Domej. Da giovani, quando eravamo tutti a Vienna, lo chiamavamo Fedja. Gli scrissi anche e gli chiesi aiuto. Si è scoperto molto presto che non poteva darci una mano con la trascrizione, ma che sarebbe comunque stato disponibile a scrivere per noi la storia della sua riscoperta, che ora offre ai lettori una visione del passato bilingue di Klagenfurt/Celovec. E ciò può essere letto esclusivamente nella presente pubblicazione.

È stato sempre Domej che mi ha indirizzato all' "Enciclopedia della storia culturale slovena in Carinzia/ Koroška" (Katja Sturm-Schnabl / Bojan-Ilja Schnabl (eds.): Böhlau 2016), nella speranza di trovarvi pubblicata una trascrizione completa. Grazie ad un regalo di Feliks J. Bister ho potuto prendere una scorciatoia per fare una verifica, trovando nella biblioteca locale l'opera in tre volumi e quel poco che era disponibile in essa. Per questa edizione siamo quindi in grado di presentare ai lettori la prima parte della trascrizione in sloveno, anche se in reprint.

Si potrebbe pensare che la realtà di un regolamento del mercato bilingue sia nota e accessibile a tutti e che non dovrebbe richiedere alcuno "scavo archeologico". Questo processo, che ricorda molto gli interventi archeologici nel tempo, è stato tuttavia necessario per rendere giustizia allo spirito di apertura insito nella città sin dalla fondazione della moderna Klagenfurt/ Celovec, ma troppo spesso e volentieri dimenticato o deliberatamente messo da parte – ma mai completamente scomparso, anzi si è fatto e continua a farsi conoscere.

Uvod k Celovškemu tržnemu redu

Lojze Wieser

Pred desetletji, ko sem prvič izvedel za pravilnik tržnice na podlagi neke kopije v izložbi na Benediktinerplatz trgu, sem obstal precej presenečen, zato ker nisem razumel njegovega pomena v enojezični obliki. Porodil se mi je dvom, da je bil v izvirniku vendarle dvojezičen, ki je s časom postala hipoteza in je nekoliko osvetlil pomen tega dokumenta. Takrat je to zame bilo le zanimivost in mi ni pustilo globljih sledi, čeprav ga nisem nikoli popolnoma pozabil in je ostal kot nekakšna posebnost.

Na tržni red (domnevno dvojezičen) iz leta 1783 sem ponovno naletel, ko se je Celovec kandidiral za prestolnico kulture leta 2006, kot dežela Alpe-Jadran, skupaj s Slovenijo in Furlanijo. Tam je bil ponatis, ki je na isto raven postavljal oba jezika, ki se govorita v mestu, v dveh vzporednih stolpcih: v nemščini in v slovenščini.

Bilo je ob koncu leta 2019, ko me je ogovoril nekdanji poslanec stranke Zelenih in ljubitelj zgodovine Reinhold Gasper in me vprašal, če poznam celovški dvojezični pravilnik tržnice. Imel je eno kopijo in mi rekel, da mi lahko pridobi še eno, če sem zainteresiran. Ponudbo sem sprejel z namenom, da predstavim to zgodbo širšemu občinstvu v novi knjigi ob „Dnevih kuhinje Alpe-Jadrana" v Celovcu, Svatba okusov 2.

Ko sem letos pozno pomladi začel načrtovati knjigo, urejati prispevke in pisati svoja besedila, sem se spomnil, da je moj prijatelj in oblikovalec Georg Gratzer pripravljal dokumentacijo za kandidaturo leta 2006. Potihem sem upal, da bom od njega z lahkoto in v kratkem času dobil PDF dokument Celovškega tržnega reda. To pa se ni uresničilo, saj so vso dokumetacijo umaknili, ko kandidatura ni bila sprejeta, po Gratzerjevem mnenju verjetno tudi zato, ker ni bil zanjo še pravi čas. Vsekakor pa se je ponudil, da bo ponovno kontaktiral Koroški deželni arhiv (Kärntner Landesarchiv) in pridobil PDF dokument, saj smo za našo knjigo potrebovali čitljivo različico. Ob tej priložnosti se zahvaljujemo Koroškemu deželnemu arhivu, da nam je dovolil objavo dokumenta v knjigi.

Gratzer se je prav tako ponudil, da bo prepisal besedilo v nemščini. Medtem se je postavilo vprašanje, če in kje se dobi prepis slovenskega dela. Tako se je pojavilo ime Theodorja Domeja, ki je na to temo napisal dizertacijo v 80-ih letih 20. stoletja in je celo sam našel dokument. Poklical sem Theodorja Domeja.

V mladosti, ko smo bili vsi na Dunaju, smo ga imenovali Fedja. Tudi pisal sem mu in ga prosil za pomoč. Takoj je bilo jasno, da nam ne bo mogel pomagati pri prepisu, bil pa je pripravljen za nas napisati zgodbo o svoji najdbi, ki zdaj bralcem ponuja pogled na dvojezično preteklost Celovca/Klagenfurta. In to lahko preberete samo v tej publikaciji.

Domej me je napotil na „Enzyklopädie der slowenischen Kulturgeschichte in Kärnten/Koroška“ (Katja Sturm-Schnabl / Bojan-Ilja Schnabl (eds.): Böhlau 2016) v upanju, da bom tam dobil celoten prepis. Zahvaljujoč darilu, ki sem ga prejel od Feliksa J. Bistra sem to lahko na hitro preveril, tako da sem v svoji domači knjižnici našel to delo v treh zvezkih in tisto malo, kar je bilo napisano v njem. Za to izdajo lahko torej bralcem predstavimo prvi del prepisa v slovenščino, pa čeprav v reprintu.

Lahko bi pričakovali, da je obstoj dvojezičnega pravilnika tržnice dobro znan in dostopen vsem in da niso potrebna „arheološka izkopavanja”. Ta proces, ki zelo spominja na arheološke posege v času je bil vseeno potreben, da bi potrdili obstoj odprtega duha tega mesta, ki mu je prirojen že od ustanovitve modernega Celovca, je pa pogostoma in namenoma pozabljen ali odrinjen – ni nikoli izginil, še več, se je znal uveljaviti in je vedno bolj prepoznaven.

MARKTORDNUNG 1793 | *REGOLAMENTO DEL MERCATO | TRŽNI RED*

Kurrende Der kaiserl. königl. Landesstelle in Kärnten.

Einführung einer neuen Marktordnung in Klagenfurt.
(Transkription: Georg Gratzer)

Seine Majestät haben Inhalt eingelangter Direktionalverordnung von 26ten. April, und Erhalt 26ten. May dieses Jahres die für die Hauptstadt Klagenfurt entworfene anliegende Marktordnung zur allgemeinen Beobachtung einzuführen gnädigst bewilligt.

Welches daher sämmtlichen Landesinsassen mit der Weisung bekannt gemacht wird, dass diese neue Marktordnung von 1ten. August dieses Jahres von Jedermann auf das genaueste beobachtet werden müsse.

Klagenfurt den 29ten. May 1793.
Joseph Graf O'Donel.

Marktordnung für die Hauptstadt Klagenfurt im Herzogtum Kärnten.

Erster Abschnitt.

Von den Marktplätzen.

Jedem Erzeuger ohne Unterschied stehet es frei seine Erzeugnisse nicht nur allein an den bestimmten Wochenmarkttagen, sondern auch an jedem anderen Werktage zum Verkaufe nach der Hauptstadt Klagenfurt zu bringen, und mit Beobachtung gegenwärtiger Vorschriften zu verkaufen, so wie, an den dazu bestimmten Marktplätzen, so lange er will, zu verbleiben.

Diese Verkaufsplätze für die verschiedene Gattungen der Erzeugnisse sind folgende:
Aufler, Posamentierer, Bandelkramer, Geschmeidhändler, und bürgerliche Tändler haben ihre Richtung dem gräflich v. Rosenbergischen Hause gegenüber, jedoch rückwärts der Theresianischen Statue in zwo Reihen zu nehmen, weil der Raum von besagten gräflich Rosenbergischen Hause bis zur Theresianischen Statue dem löblichen Militair zur Wachtparade ganz frey gelassen werden muss.

Tržni red za glavno mesto Celovec iz leta 1793

Der slowenische Text im Wortlaut:

»Pervi Odres. / Od teh Terʃhiʃh. / Vʃakemu Perrodniku bres Reslozhika frai ʃtoji ʃvoje Prerodʃtve nikar ko v' tem nopoʃtaulenem tershnem Dnevam, temuzh tudi vu vʃakem drugem Delaunikam h' Predanju v' to poglavarʃku Meʃtu Zelouz perneʃti, inu s Povanzhanjam letega Priedpiʃma predati li kaker na tem h' temu napoʃtaulenem Tershiʃham, kaker dougu on ozhe, oʃtati;

Lete Tershiʃhe sa te mnogoterne Sorte teh Perodʃtv ʃo nahajozhe: / Na tem novem Preʃtori.

a. Te laʃtne tershne Jeʃtvine, namrezh Smedenz, Maʃlu, Jaize, vʃe Seleniʃhe inu Strozhinje, Sadje, kateru sraven teh ʃpomenench Jeʃtvin, inu nikar poʃiebe v Jerbaʃah, ali vu Vosah ʃenter pride, inu Peretnina, katira vu, ali bres Kurnjaka, ali na Vosah ʃenterpride, murejo sevʃema, inu bres Reslozhika sa te, bol hune Jestvine od te Shtrolendorfove pruti te knesove od Rosenbergʃke Hiʃhe v porednei Linii napruti te Baron od Ankosʃhofove Hiʃhe ʃe postaviti; vunder leta Linia zhes to Teresianʃku Staliʃhe ʃe ne ʃmie ʃtegniti, kei ʃe ti v' tem nahajozhem Odʃtaviki b. Sasnaminuvani Stanizhi imajo perkleniti.

b. Ti Stanizhi teh Suknutekauzou, Nogavizarjou, Vuʃinjarjou, Shreblarjou, Kotlarjou, Kluzhenizharjou, Veʃilopletezou, Poʃamentirarjou, Veʃilarjou, Barantanzou inu mieʃtneh Kupzhlivarjou imajo ʃvoi Prestor napruti te Knesove od Rosenbergʃke Hiʃhe, vunder sadi tega teresianʃkega Staliʃha v dveh Zhredah vseti, kir te Preʃtor od te ʃpomenene Knesove od Rosenbergʃke Hiʃhe do tega teresianʃkega Staliʃha temu hvalovitnemu Shounirʃtvu sa Gorvliezhenje ima zhistu proʃtuʃpuʃten biti.

c. Ti Lonzarji inu Piʃkarji, ti Predauzi teh ʃlamneh Klobukou, inu teh Metliz imajo ʃe napruti te previʃhtvene Porziajove, inu te Hanazhekove Hiʃhe v porednei Linii poʃtaviti.

d. Te Predauzu te Dujine, teh Tiz, teh Kapunou, teh Jagnec, Koslet, inu mliekneh Kozhejou: ti Predauzi tega Potriebi ʃe imajo povanzhati, ʃam na tiʃtemi Preʃtorami gorvdarjene, inu taku, kaker tudi soʃebnu v Ogledi tega Nakuplenja teh Druv na Ledjah [na ladjah/na Lentu] ena laʃtna Naredba osnanjena gratala.

Konzhnu bo tukai ʃhe h' poʃebnemu Povarjanju navanzhanu, da tiʃti, katiri s' galuʃno Mero, inu Tesho teh takʃiraneh Jeʃtvin v' enei to Poʃtavo preʃezheozhei Vriednoʃti, ali nesdrave, nejedlive, ali prevratane Jeʃtvine pruda, po temi ʃtojezhemi Posʃtavami neodpuʃhlivu bo nagledan gratau, / Zelouzi na 29tem tega Mainika 1793.«

Die Veröffentlichung der Marktordnung fällt in die Amtszeit entweder von Franz Borgias Vitali [1785–1793] oder von Josef Scheranz [1793–1796] (vgl. Christoph → Windisch).

Archiv: KLA.

Quellen: SAGV im KLA, Fasz. 17 (nach Domej).

Lit./Web: V. Valenčič: *Slovenščina v uradih in v uradni publicistiki od srede 18. do srede 19. stoletja.* In: ZČ 31, 3 (1977) 332; T. Domej: *Die Slowenen in Kärnten und ihre Sprache mit besonderer Berücksichtigung des Zeitalters 1740 bis 1848* (Phil Diss.). Wien 1986, 178 f., Fotokopie der Marktordnung: 526–529; D. Jandl: *Bürgermeister der Landeshauptstadt Klagenfurt am Wörthersee.* In: Statistisches Jahrbuch der Landeshauptstadt Klagenfurt am Wörthersee 2009, Berichtsjahr 2008/09. Hg. Magistrat der Landeshauptstadt Klagenfurt am Wörthersee Klagenfurt am Wörthersee, Magistratsdirektion/Stabstelle Public Management – Statistik und Informationsmanagement. Klagenfurt am Wörthersee, S. XXII http://www.klagenfurt.at/klagenfurt-am-woerthersee/downloads/Jahrbuch_2009.pdf (21. 1. 2014).

Bojan-Ilija Schnabl

Aus / dal / iz: „Enzyklopädie der slowenischen Kulturgeschichte in Kärnten / Koroška“ (Katja Sturm-Schnabl / Bojan-Ilja Schnabl (eds.): Böhlau 2016)

MARKTORDNUNG 1793 | *REGOLAMENTO DEL MERCATO* | *TRŽNI RED*

„Die Schweine müssen wie bisher in der St. Veiter Vorstadt rückwärts der ehemaligen Schutzengelkirche aufgetrieben werden."

c. Die Grünhafner, und Töpfer, die Verkäufer der Strohhüte, und die Besenkrämer haben sich dem fürstlich Porziaischen, und Hanazeckischen Hause gegenüber in gerader Linie zu lagern.

d. Die Wildprethändler, Vogelkrämer, Kapaunfratschler, Lämmer-, Kitze- und Spanferkelverkäufer, Fleischselcher, Schmeer-, Käs-, und Speckhändler, dann Seifensieder haben sich an obige (c.) anzuschließen, ihre Richtung aber gegen den sogenannten Viktringerhof zu nehmen.

e. Die Binder haben den Raum um die Frauenstatue zu besetzen.

f. Den Mehlhändlern, und Verkäufern der Greiselwaren, des Taubenfutters, aller Gattungen der Hülsenfrüchte, und des Samenwerkes wird das dermalige Platzel zwischen dem Freiherrlich von Ankershofischen, und dem Pergoferischen Hause eingeräumet.

g. Die Bäckenstände, und die Huterer werden auf ihrem dermaligen Platze belassen, die Landbrodverkäufer aber haben sich gerade vor das Freyherrlich von Ankershofische, und Freyherrlich von Rechbachische, vorhin von Egartnerische Haus auf den Neuen Platz zu stellen.

Auf den übrigen Plätzen.

h. Damit in dem heißen Sommer die grünen Waren leichter frisch erhalten werden können, wird (jedoch nur durch die Sommerszeit) gestattet, dass solche auf dem Alten Platze, auf dem dermaligen Orte, wo mehr Schatten, als auf dem Neuen Platz ist, außer den Wochenmarktstagen feilgeboten werden können.

i. Für Obst, Kraut, Rüben, welche ohne andere Feilschaften in Körben, oder auf Wagen hereingebracht werden, ist der untere Theil des Alten Platzes, nämlich vom Großlischen Hause abwärts gegen die Schliberischen Häuser bestimmt.

k. Zum Verkaufe der Bauernleinwand, Flachs, Hanf, Wolle, und Gespinst bleibt der Platz vor dem Rathause gewidmet.

l. Der Verkaufsplatz für die Fische, Krebsen, und Schwämme ist auf dem gewöhnlichen Fischplatze im Landhaushofe.

m. Das Heu und Stroh wird auf dem dermaligen Heuplatz bei dem St-Veiterthor verkauft, und sind die Heuwagen jenseits der Florianistatue gegen den Veiterthor zu stellen.

n. Auf dem Heuplatze, und zwar von dem Versatzamte bis zur Kapuziner-Bastey, ferner von da bis gegen das Völkermarkterthor, und in der Judengasse haben die Getreidewagen jedoch dermaßen zu stehen, dass in denen Gassen die Pferde an den Häusern mit Freylassung der Ausgänge aus denselben, die Wagen aber ineinander geschoben, reihenweise gestellt seyn müssen, um den Fahrenden, und Gehenden einen geräumigen, und sicheren Platz zu lassen, welches auch von Gärtnern, und Obstverkäufern zu beobachten ist.

o. Die Holz- und Kohl(en)wagen, wie auch die Wagen mit Laden- und Wagnerholz haben sich auf dem bereits hiezu bestimmten Franziskanerplatz zu lagern.

p. Für das Hornvieh sowohl als die Pferde ist der sogenannte Viehplatz sogestaltig bestimmt, dass das Hornvieh gegen die Bastey, die Pferde aber näher gegen den Postgarten gestellt werden müssen, die Postgassen selbst aber ganz frey gelassen werde.

q. Die Schweine müssen wie bisher in der St. Veiter Vorstadt rückwärts der ehemaligen Schutzengelkirche aufgetrieben werden.

Übrigens verstehet es sich von selbst, dass sich alle Verkäufer mit ihren Feilschaften und Erzeugnissen in eine solche Ordnung zu stellen haben, dass aller Orten, sowohl für die Fahrenden, als Gehenden ein hinlänglicher Raum frey gelassen, und auch vor denen Hausthoren der Aus- und Eingang nicht verstellet werde.

MARKTORDNUNG 1793 | *REGOLAMENTO DEL MERCATO* | *TRŽNI RED*

Die verschollene Marktordnung

von Theodor Domej

Lieber Lojze,

ich frage mich, wie ich anfangen soll. Das Material für meine Dissertation *Die Slowenen in Kärnten und ihre Sprache: mit besonderer Berücksichtigung des Zeitalters von 1740 bis 1848* habe ich ziemlich lange systematisch gesucht, eigentlich bereits seit dem Jahr 1972. Mich interessierte vor allem die „produktive Linie" der Entwicklung der slowenischen Standardsprache, nicht aber das »Bukovništvo«, was bislang im Vordergrund der wissenschaftlichen Ermittlungen stand. In der fraglichen Zeit haben wir es in Kärnten mit der lregionalen Variante der slowenischen Schriftsprache zu tun, deren Grundlagen Gutsmann gefestigt hat, der sich jedoch bemühte, so zu schreiben, dass ihn auch die Slowenen in Steiermark und Krain (usw.) verstehen könnten. Natürlich interessierten mich der Gebrauch und das Durchsetzen des Slowenischen im öffentlichen Raum. Deshalb suchte ich handgeschriebenes, vor allem aber gedrucktes Material von amtlicher Natur. Interessant ist, dass man bereits in der Zeit von Maria Theresia damit begann, kaiserliche Patente zu drucken, die ins Slowenische übersetzt waren (heute würden wir sie Gesetze nennen), zuerst in Kärnten (das erste erschien im Jahr 1749), erst später aber folgten Krain und Steiermark. Man muss jedoch anmerken, dass nur wenige Patente auch auf Slowenisch gedruckt wurden. Es gab einsprachige, zweisprachige (eine Spalte auf Deutsch, eine auf Slowenisch) oder sogar dreisprachige Ausführungen (eine hinzugefügte italienische Spalte). Wo die Patente gedruckt wurden, ist nicht in allen Fällen bekannt, sicher ist, dass einige davon in Kärnten erschienen sind. Auch die Kärntner Landesbehörden haben einige Kurrenden in zweisprachiger Ausgabe verfasst. Patente und Verordnungen sind aber nur die Spitze eines Eisbergs. Gesetze und Vorschriften wurden mündlich und schriftlich verkündet und natürlich musste dies in slowenischen Orten mündlich auf Slowenisch geschehen. Die zweisprachige Ausgabe der Klagenfurter Marktordnung hat also Vorgänger. Sie ist in der Kärntner Variante der slowenischen Schriftsprache gedruckt, nach den Normen von Gutsmann, der drei Jahre vor der Herausgabe der Marktordnung starb. Gleichzeitig erschien auch eine deutsche einsprachige Variante der Marktordnung.

Wann ich sie zum ersten Mal in die Hände bekam, weiß ich nicht mehr genau, sicher aber bereits in den Siebzigerjahren des 20. Jahrhunderts. Es war in der Zeit, als sich das Landesarchiv noch im Landhaus befand und die damalige Leitung des Archivs noch sehr restriktiv den Forschern gegenüber war, die sich mit slowenischen Themen befassten. Weil ich mich jedoch vor allem mit dem 18. Jahrhundert und der ersten Hälfte des 19. Jh. beschäftigte, gab es für mich keine großen Hindernisse. Unter anderem habe ich die umfangreiche Sammlung von Patenten des Geschichtsvereins Kärnten durchgesehen.

In einem der Ordner bin ich auch auf die Klagenfurter Marktordnung gestoßen und habe sie natürlich fotokopieren lassen. Es ist ein ausgezeichnetes Beispiel für die Durchsetzung des Slowenischen im öffentlichen Raum und gleichzeitig ein Beweis dafür, dass die öffentliche Nutzung der slowenischen Sprache vonnöten war. Auf den Klagenfurter Marktplätzen boten Produzenten aus nahem und weitem Klagenfurter Umkreis, wo Slowenen lebten, ihre Ware an. Man darf jedoch nicht vergessen, dass auch ein beträchtlicher Teil der Klagenfurter slowenisch war oder zumindest beim Zusammentreffen mit den Bewohnern der Nachbarorte die slowenische Sprache verstand und verwendete. In allen Zeitabschnitten stand den slowenischen Einwohnern von Klagenfurt stets die Seelsorge in slowenischer Sprache zur Verfügung.

Einige Seiten habe ich der Klagenfurter Marktordnung in meiner Dissertation (im Jahr 1986) veröffentlicht, welche (wie die meisten damals) nicht in Druck gelegt wurde.
Als in einer besonderen Vitrine auf dem Benediktinerplatz die Kopien der deutschen Marktordnung ausgehängt wurden, war ich enttäuscht. Es handelte sich wohl um einen wohlbedachten Schritt, weil die Verantwortlichen nicht zeigen wollten, das Klagenfurt auch eine slowenische Komponente hat.

Liebe Grüße,
Fedja

Il regolamento del mercato perduto

di Theodor Domej

Caro Lojze,

mi chiedo come iniziare. Ho raccolto sistematicamente i materiali per la mia dissertazione (Die Slowenen in Kärnten und ihre Sprache: mit besonderer Berücksichtigung des Zeitalters von 1740 bis 1848 / Gli sloveni nella Carinzia e la loro lingua, con particolare attenzione al periodo tra gli anni 1740 - 1848) abbastanza a lungo, in realtà già a partire dal 1972. Mi interessava soprattutto la linea produttiva dello sviluppo della lingua letteraria slovena, meno il lavoro dei copisti, che erano stati al centro della ricerca scientifica fino ad allora. Nel periodo scelto in Carinzia abbiamo a che fare con una variante regionale della lingua slovena scritta, codificata da Gutsmann che si sforzava di scrivere in modo da essere compreso sia in Stiria che nella Carniola (ecc.). Ovviamente mi interessava l'uso e il riconoscimento dello sloveno nei luoghi pubblici. Perciò ho cercato materiali scritti, ma soprattutto stampati di carattere ufficiale. È interessante che al tempo di Maria Teresa d'Austria iniziarono a stampare editti imperiali tradotti in sloveno (oggi le chiameremmo leggi) prima in Carinzia (il primo uscì nel 1749), solo dopo seguirono la Carniola e la Stiria. Dobbiamo aggiungere però che solo pochi editti venivano stampati anche in sloveno. Conosciamo stampe monolingui, bilingui (una colonna in tedesco, una in sloveno) e trilingui (con l'aggiunta dell'italiano).

MARKTORDNUNG 1793 | *REGOLAMENTO DEL MERCATO* | *TRŽNI RED*

Non si conosce sempre il luogo dove venivano stampati gli editti, è sicuro però che alcuni di loro vennero pubblicati in Carinzia. Anche gli organi amministrativi della Carinzia pubblicarono delle circolari in edizione bilingue. Gli editti e gli ordinamenti sono solo la punta dell'iceberg. Le leggi e le regole venivano pronunciate anche a voce e nelle località slovene era ovvio che dovevano essere in sloveno. L'edizione bilingue del regolamento del mercato ha dunque dei precedenti. È stampata nella variante carinziana della lingua slovena scritta, così come l'aveva codificata Gutsmann (morì tre anni prima della pubblicazione del regolamento del mercato). Accanto a questo uscì anche la variante monolingue tedesca del regolamento del mercato. Non so esattamente quando la vidi per la prima volta, sicuramente però già negli anni settanta del XX secolo. Era ai tempi in cui l'archivio regionale era ancora nel palazzo della Regione e i gestori dell'archivio di allora erano ancora restrittivi verso i ricercatori che si occupavano di tematiche slovene. Ma siccome mi occupavo soprattutto del XVIII secolo e della prima metà del XIX secolo non mi ostacolarono troppo. Tra l'altro esaminai la ricca raccolta degli editti della Società Storica della Carinzia. In uno dei fascicoli trovai anche il regolamento del mercato di Klagenfurt e ovviamente l'ho fatto fotocopiare. Era un chiaro esempio del diritto all'uso dello sloveno in un luogo pubblico e al contempo la prova che era necessario l'uso dello sloveno in pubblico. Ai mercati di Klagenfurt offrivano i loro prodotti i produttori che venivano dal circondario vicino e lontano di Klagenfurt, dove gli abitanti erano sloveni. Del resto non dobbiamo dimenticare che anche una grande parte degli abitanti di Klagenfurt era slovena, oppure capiva e parlava sloveno quando doveva comunicare con gli abitanti della provincia. In tutti i periodi storici gli abitanti sloveni di Klagenfurt avevano a disposizione le funzioni religiose in sloveno.

Per quanto mi ricordo ho pubblicato per la prima volta alcune pagine del regolamento del mercato di Klagenfurt nella mia tesi (nel 1986), ma essa non fu pubblicata (come la maggior parte delle tesi di allora).

Quando esposero le copie del regolamento del mercato tedesco in una vetrina speciale al Benediktinermarkt, rimasi deluso. Era stato un passo calcolato, perché evidentemente i responsabili non volevano mostrare che Klagenfurt ha anche una componente slovena.

Fedja

Izgubljeni tržni red

Theodor Domej

Dragi Lojze,

kako naj začnem, se sprašujem. Gradivo za svojo disertacijo (Die Slowenen in Kärnten und ihre Sprache : mit besonderer Berücksichtigung des Zeitalters von 1740 bis 1848) sem sistematično zbiral precej dolgo, pravzaprav že od leta 1972 naprej. Zanimala me je predvsem „produktivna linija" razvoja slovenskega knjižnega jezika, ne pa bukovništvo, ki je bilo dotlej v ospredju znanstvenega raziskovanja. V izbranem obdobju imamo na Koroškem opravka s pokrajinsko varianto slovenskega pisnega jezika, kateri je utrdil temelje Gutsmann, ki si je pa prizadeval pisati tako, da bi ga razumeli tudi na Štajerskem in Kranjskem (itd.). Seveda me je zanimala raba in uveljavljanje slovenščine v javnem prostoru. Zato sem iskal rokopisno, predvsem pa tiskano gradivo uradnega značaja. Zanimivo je, da so za časa Marije Terezije začeli tiskati v slovenščino prevedene cesarske patente (danes bi k temu rekli zakone) najprej na Koroškem (prvi je izšel leta 1749), šele potem sta sledili Kranjska in Štajerska. Vendar je treba pripomniti, da so bili le redki patenti tiskani tudi v slovenščini. Poznamo enojezične tiske, dvojezične (en stolpec v nemščini, en v slovenščini) in trojezične (dodatno še v italijanščini). Kje so bili patenti natisnjeni, ni v vseh primerih znano, gotovo pa je, da so bili nekateri izmed njih izšli na Koroškem. Tudi koroški deželni upravni organi so izdali nekaj okrožnic v dvojezični izdaji. Tiskani patenti in uredbe pa so samo vrh ledene gore. Zakone in predpise so razglašali tudi ustno in seveda se je moralo to zgoditi v slovenskih krajih v slovenščini.

Dvojezična izdaja celovškega tržnega reda ima torej predhodnike. Natisnjena je v koroški varianti slovenskega pisnega jezika, kakor jo je normiral Gutsmann (umrl je tri leta pred izidom tržnega reda). Poleg tega je izšla tudi nemška enojezična varianta tržnega reda.

Kdaj mi je prvič prišla v roke, ne vem točno, gotovo pa še v sedemdesetih letih 20. stoletja. Bilo je še v času, ko je bil deželni arhiv v deželni hiši in je bilo tedanje vodstvo arhiva restriktivno do raziskovalcev, ki so se ukvarjali s slovensko tematiko. Ker sem se pa ukvarjal predvsem z 18. stoletjem in prvo polovico 19., zame ovire niso bile visoke. Med drugim sem pregledal obsežno zbirko patentov Koroškega zgodovinskega društva. V enem izmed fasciklov sem naletel tudi na celovški tržni red in sem ga seveda pustil fotokopirati. Bil je odličen primer uveljavljanja slovenščine v javnem prostoru in hkrati dokaz, da je bila javna raba slovenščine potrebna. Na celovških tržnicah so ponujali blago producenti iz bližnje in daljnje celovške okolice, ki je imela prebivalstvo slovenskega jezika. Vendar ne smemo pozabiti, da je bil tudi precejšen del celovškega prebivalstva slovenskega jezika ali pa je razumel in govoril slovensko vsaj v stiku z okoliškim prebivalstvom. V vseh obdobjih pa je imelo celovško slovensko prebivalstvo dušnopastirsko oskrbo v slovenščini. Nekaj strani celovškega tržnega reda sem prvič objavil v svoji disertaciji (leta 1986), ki pa (kot tedaj večina disertacij) ni doživela natisa. Ko so v posebni vitrini na Benediktinskem trgu izobesili kopije nemškega tržnega reda, sem bil razočaran. Očitno je šlo za premišljen korak, ker pač odgovorni niso hoteli pokazati, da ima Celovec tudi slovensko komponento.

Lep pozdrav!

Fedja

MARKTORDNUNG 1793 | *REGOLAMENTO DEL MERCATO | TRŽNI RED*

Marktordnung für die Hauptstadt Klagenfurt aus dem Jahre 1793

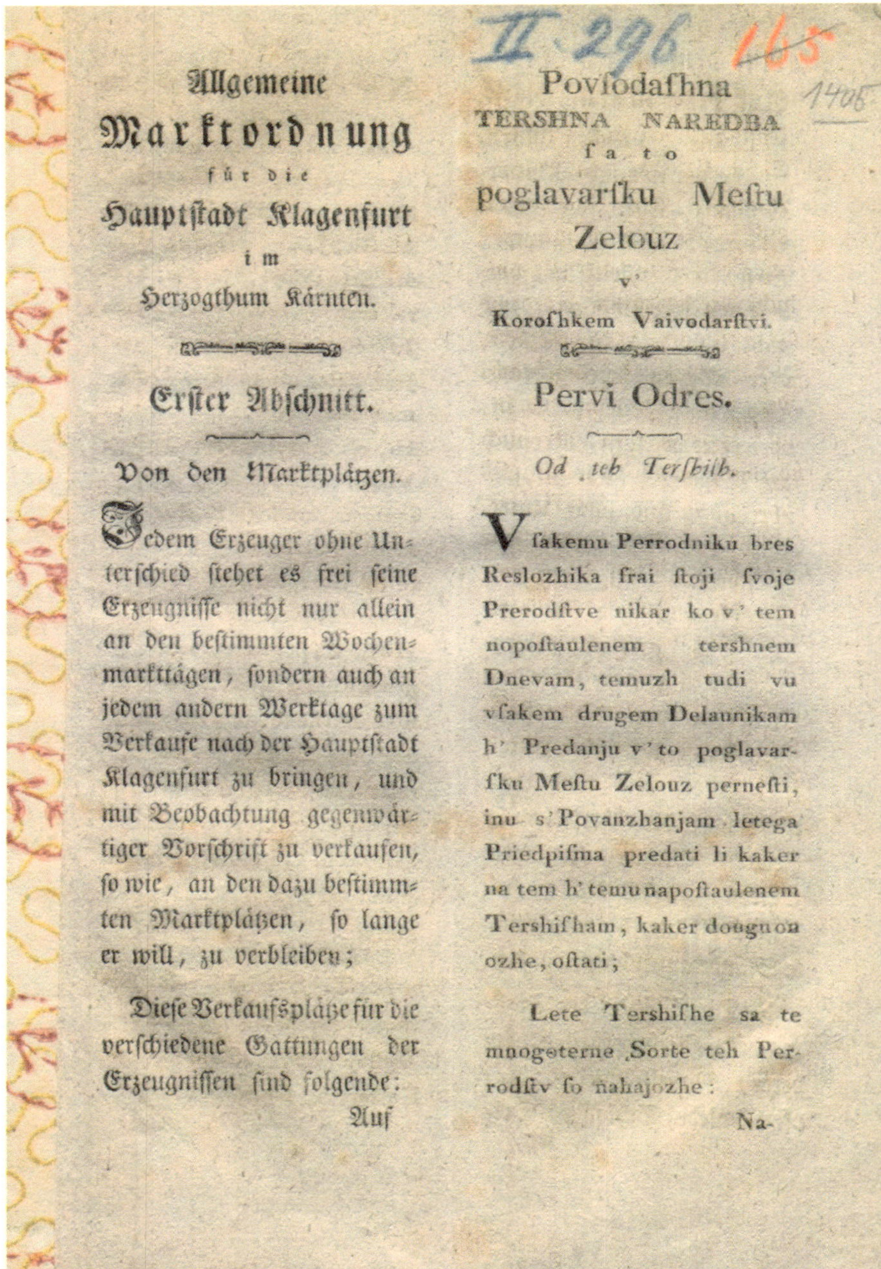

Allgemeine
Marktordnung
für die
Hauptstadt Klagenfurt
im
Herzogthum Kärnten.

Erster Abschnitt.

Von den Marktplätzen.

Jedem Erzeuger ohne Unterschied stehet es frei seine Erzeugnisse nicht nur allein an den bestimmten Wochenmarkttägen, sondern auch an jedem andern Werktage zum Verkaufe nach der Hauptstadt Klagenfurt zu bringen, und mit Beobachtung gegenwärtiger Vorschrift zu verkaufen, so wie, an den dazu bestimmten Marktplätzen, so lange er will, zu verbleiben;

Diese Verkaufsplätze für die verschiedene Gattungen der Erzeugnissen sind folgende:

Auf

Povſodaſhna
TERSHNA NAREDBA
ſa to
poglavarſku Meſtu
Zelouz
v'
Koroſhkem Vaivodarſtvi.

Pervi Odres.

Od teh Terſhish.

Vſakemu Perrodniku bres Reslozhika frai ſtoji ſvoje Perodſtve nikar ko v' tem napoſtaulenem tershnem Dnevam, temuzh tudi vu vſakem drugem Delaunikam h' Predanju v' to poglavarſku Meſtu Zelouz perneſti, inu s' Povanzhanjam letega Priedpiſma predati li kaker na tem h' temu napoſtaulenem Tershiſham, kaker dougno ozhe, oſtati;

Lete Tershiſhe sa te mnogoterne Sorte teh Perrodſtv ſo nahajozhe:

Na-

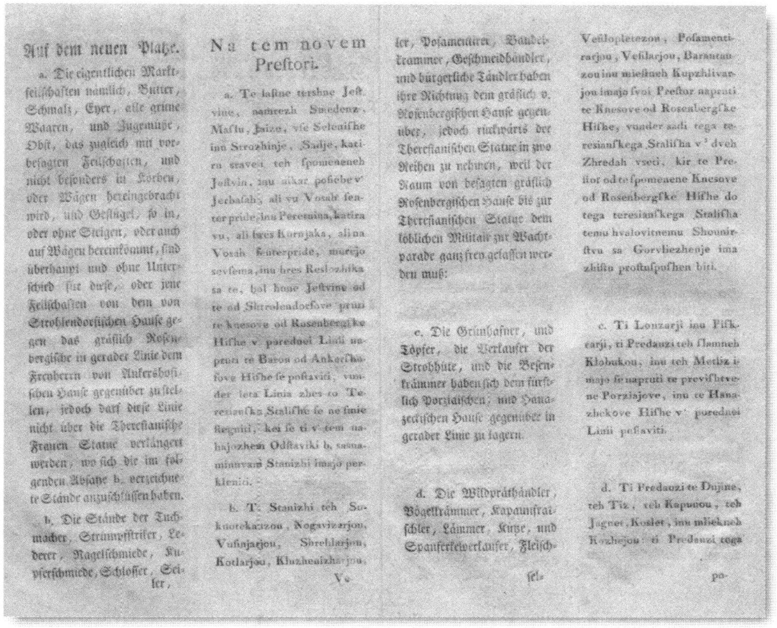

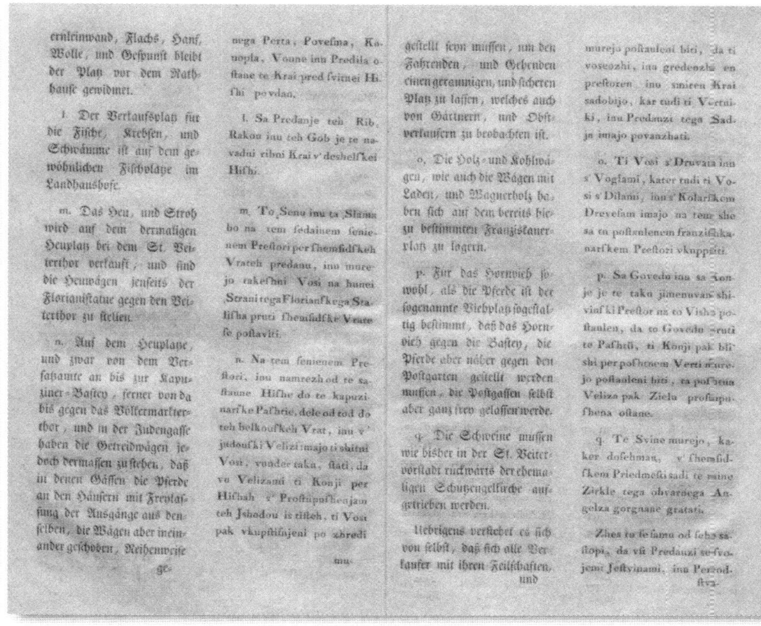

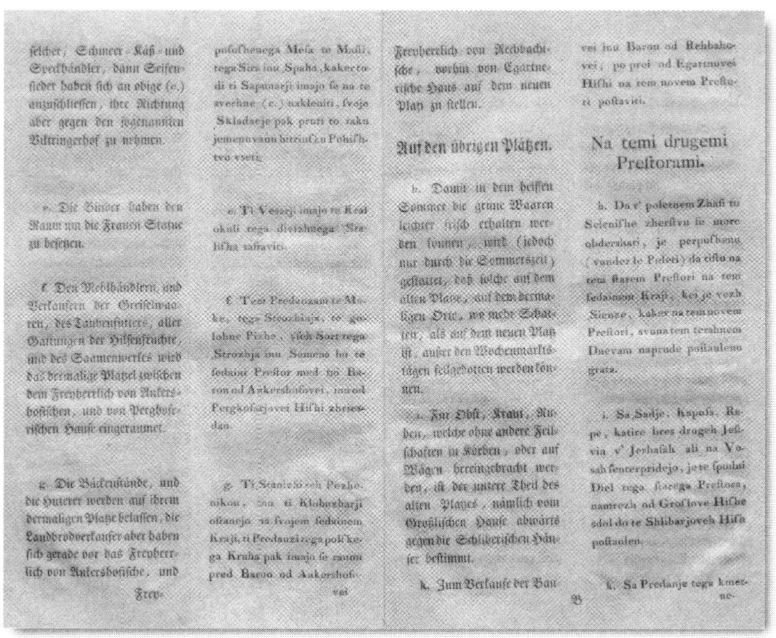

MARKTORDNUNG 1793 | *REGOLAMENTO DEL MERCATO* | *TRŽNI RED*

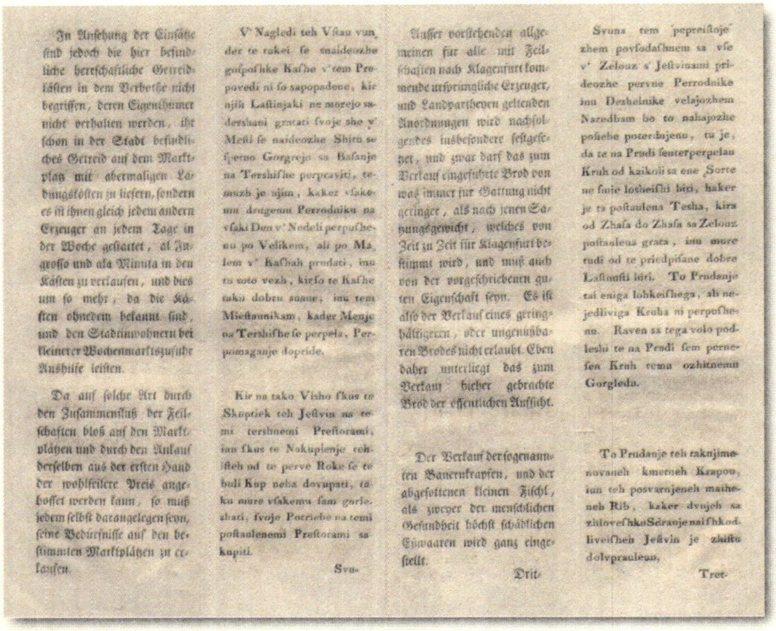

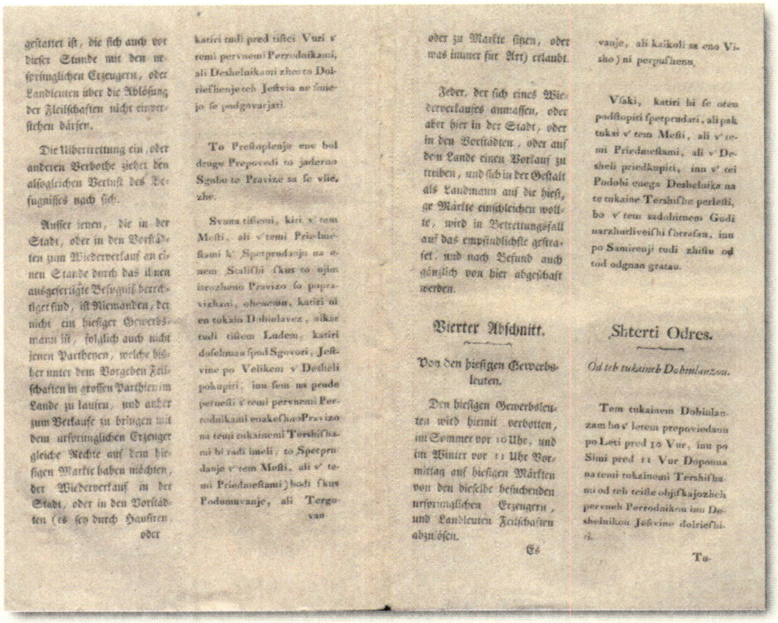

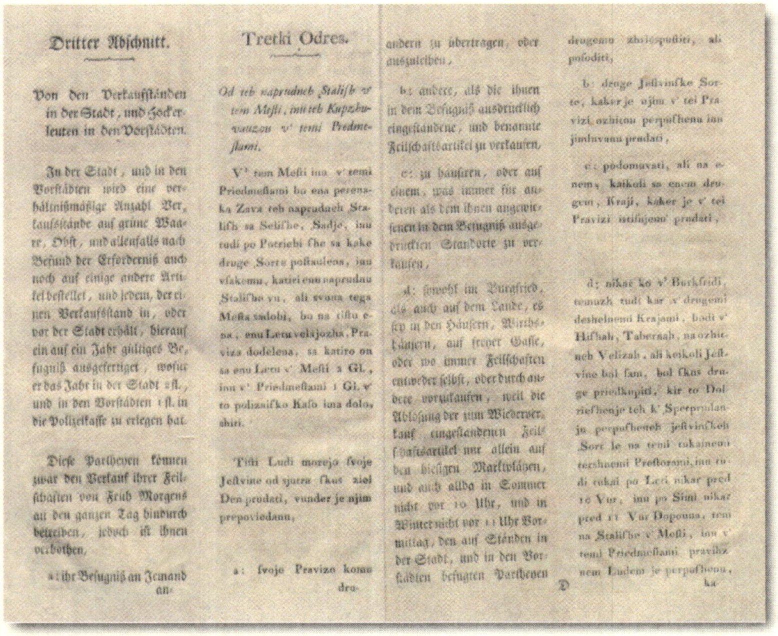

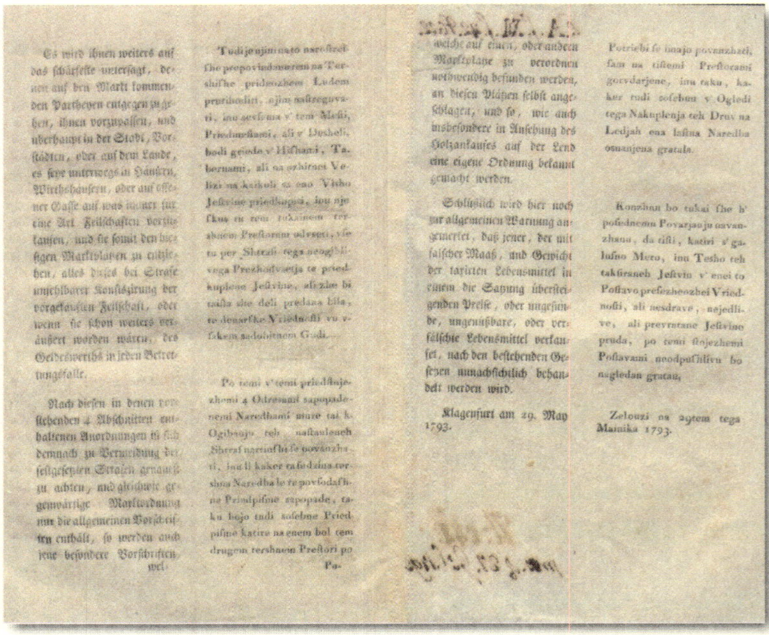

(Quelle)
Mit freundlicher Genehmigung des Kärntner Landesarchivs/Klagenfurt-Archiv

(Fonte)
Con il gentile consenso dell'archivio regionale della Carinzia / Klagenfurt.

(Vir)
Z dovoljenjem Deželenega arhiva Koroške / Celovec

Die Marktfrauen

von Lojze Wieser

„Auch der im Hausgarten schon im Winter gesäte Vogerlsalat, der in seiner Zartheit die Sonne scheute, wurde obenauf in den Korb gelegt, um nicht zerdrückt zu werden.“

Sie kamen aus den umliegenden Dörfern. Einmal pro Woche, bei jedem Wetter. Meist zu Fuß, sehr selten ging sich eine Fahrkarte für den gelben Postbus aus – wenn die Müdigkeit zu groß war oder weil die Wiesen und der Wald so spendabel waren, dass sie im Rucksack und in ihrer cejna, im geflochtenen Korb, nicht alles unterbringen konnten. Früh schon hatten sie aufbrechen müssen, damit sie um sechs am Morgen am Markt, na pvacu, ankamen und so die Chance hatten, einen guten Standplatz zu bekommen. Der Willkür des Marktaufsehers waren sie immer wieder ausgesetzt. Die Verachtung ihnen gegenüber, die da war, spürten sie. Sie war zu greifen. Warum sich dieser einmal die eine, das nächste Mal eine andere vorgenommen hat, war nicht nachvollziehbar. Die Frau, die er aufs Korn genommen hatte, konnte sich dessen gewiss sein, den schlechtesten Platz am Mark zu bekommen und neben den Toiletten, im Durchzug, oder – noch schlimmer – hinter einer unermüdlich dahertratschenden Konkurrentin zum Stehen zu kommen. Nicht nur die kaufwilligen Kunden schreckte das ab, das schlechte Geschäft war einem durch den Ohrschmerz erst recht verdorben.

Schon Tage vor dem Marktgang streiften die Frauen durch die Wälder, sammelten je nach Saison Bärlauch, Morcheln, Schneerosen und Schneeglöckchen, banden sie in schöne Sträuße, wickelten sie in feuchtes Zeitungspapier und ließen sie im Dunkeln, um sie frisch und einladend den flanierenden Bürgersfrauen, Hausgehilfinnen und Hausfrauen anzubieten. Oft baten sie auch ihre Enkelkinder, am Vorabend des Markttages ins Moor hinterm Dorf zu gehen, wo die ersten Wiesennelken blühten, um sie frisch zu pflücken, und legten diese für ganz liebgewonnene Kundinnen in die cejna, unter das linnene Tuch, von wo sie zart hervorblinzelten. Und waren die ersten Boten des Frühlings verblüht, stachen sie den Röhrl, den Löwenzahn, zupften Fichtentriebe, banden wohlriechende Maiglöckchen zu Bouquets. Auch der im Hausgarten schon im Winter gesäte Vogerlsalat, der in seiner Zartheit die Sonne scheute, wurde obenauf in den Korb gelegt, um nicht zerdrückt zu werden. Die ersten prallen Walderdbeeren waren noch ein wenig säuerlich, aber umso begehrter, weil selten, vževčno. Auch der eine flüchtige Ahnung seiner exotischen Geruchsnote verströmende Waldmeister war begehrt – ein betörender Begleiter. Steinpilze, die edelsten Pilze der Saison. Die Reizker, nur für Kenner. Parasole für Verwöhnte und Phantasielose. Dunkle, samtglänzende Herrenpilze, mit deren Noblesse sie ganz und gar im Zentrum der Aufmerksamkeit standen. Immer waren sie bemüht, den anderen Frauen voraus zu sein.

Maria Golser aus Tschachoritsch/Čahorče (mit Schwiegertochter Ana Wieser), war in den Fünfziger- und Sechzigerjahren Marktfrau

Maria Golser di Tschachoritsch (con la nuora Ana Wieser) negli anni ,50 e ,60 vendeva al mercato

Maria Golser iz Čahorč (s snaho Ano Wieser), branjevka v 50-ih in 60-ih letih 20. stoletja

Das Wenige, das sie sich extra leisten konnten, war davon bestimmt. Zumindest in dieser einen Woche konnten sie für sich und die Enkel ein Stück Traubenzucker vom gepressten Block herunterhacken lassen, und ein wenig vom klebrig süßen Türkischen Honig. Dieses früher dran sein als die anderen war wohl auch die Garantie, dass sie sich mit der Zeit auf einen gewissen Kreis von Kunden verlassen konnten. Und denen war bewusst, dass sie Nutz-(Ge)nießer des angestrengten Suchens der müden, alten Knochen, ihrer immer noch scharfen Augen und des ungeheuren Wissens um die Schmackhaftigkeit, die Aromen und die Geheimnisse der Natur waren. Es gab auch Markttage, an die wollten sie nicht erinnert werden! Nichts ging glatt von der Hand. Die Stammkunden blieben aus, das Wetter war feucht und unfreundlich, die Beine geschwollen und schwer. Es drohte der Totalverlust. Was macht man mit welken Blumen? Wer will die noch haben? Abgelegene, zerquetschte Walderdbeeren duften zwar betörend, sind aber unverkäuflich. Die Furcht, daheim nichts Gutes berichten zu können, machte den Weg länger, staubiger und trauriger. Die Trud setzt sich auf die Brust. Was mag ihnen in solchen Momenten wohl durch den Kopf gegangen sein?

Marktfrau Nani Ternjak aus Tschachoritsch/Čahorče mit Enkelkind Gottfried
Nani Ternjak di Tschachoritsch con il nipote Gottfried
Nani Ternjak iz Čahorč z vnukom Gottfriedom

MARKTFRAUEN | *LE DONNE DEL MERCATO* | *BRANJEVKE*

In Gedanken versunken wünschten sie sich, wegen ihres bescheidenen Daseins wenigstens von den eigenen Kindern nicht auch noch schief angesehen zu werden und auch nicht gemaßregelt dafür, dass sie sich der heimischen Sprache in der Stadt nicht versagten. Die stillen Vorwürfe schmerzten, dass sie als Mütter, die sich ihrer Sprache nicht schämten, mitverantwortlich wären für das langsame und stockende Vorwärtskommen ihrer Kinder am Bau, in den Ämtern oder beim Magistrat, im Land oder bei der Bahn. Die rauen Worte, von den eigenen Kindern in einer ihnen so fremd klingenden Sprache hingeworfen, als Schimpf und Vorwurf, nicht mehr gesprochen in der Kindheitssprache, wie sie es gewohnt waren, verletzten mehr als das Klemmen und Kratzen, das Absparen vom Mund und die Schinderei an den Markttagen. Als ob die Kindheitssprache, die sie am Markt untereinander gebrauchten, wenn keine Bürgersfrau in Hör- und Sehweite war, als ob diese, ihr Leben lang von der Zunge rollende Sprache ein Riegel für die Nachkommen wäre, der die Tür aus der Kargheit heraus zu einer besseren Welt versperren würde.

Zuhause in der Stube haben sie in der Dämmerung, oft bei Kerzenlicht, durch das Fenster ins aufsteigende Grau der kommenden Nacht geschaut, die gichtigen Hände und die verbogenen Finger gefaltet. Waren es Gebete, die kaum hörbar von den Lippen fielen? Eher ein Nachfühlen, woher der ihnen angetane Schmerz. Oder beides. Sich fragend, warum gerade ihnen diese Last umgehängt wurde, wofür sie zur Rechenschaft gezogen und verantwortlich gemacht würden. Allein ausharrend, die Holzbank wetzend, seitlich zum Fenster hinausschauend, warteten sie, jede für sich und ohne sich je darüber verständigt zu haben, die Dämmerung des Tages und des Lebens ab.

Beim Schauen ins hereinbrechende Grau sich die Farben der jeweiligen Jahreszeit ins Gedächtnis zu rufen, wie ein Gemälde der Seele, das sich einkerbt mit seinen unendlichen Nuancen – das war ihr Takt, der sie im Leben dirigierte, über die Zeit begleitete und über die vertrockneten Tränen in Bewegung bleiben ließ. An der Wand überm Bett hing jenes allgegenwärtige Bild, auf dem ein Engel ein Kind auf einem schwankenden Steg über den Bach geleitet. (Der nächste Markttag kommt bestimmt.)

Le donne del mercato

di Lojze Wieser

Familie Ternjak in den Vierzigerjahren
La famiglia Ternjak negli anni '40
Družina Ternjak v 40-ih letih 20. stoletja

Venivano dai villaggi dei dintorni. Una volta alla settimana, con il bello e con il cattivo tempo. Per lo più a piedi, di rado si concedevano un biglietto per l'autobus giallo delle poste – quando la stanchezza era troppo grande o perché i prati e il bosco erano stati così generosi che gli zaini e la cejna, la cesta, non bastavano per farci entrare tutto. Dovevano partire presto per poter essere al mercato, na pvacu, alle sei del mattino e avere così la possibilità di trovare un buon posto. Erano sempre vittime dei capricci del sorvegliante del mercato. Sentivano il disprezzo che provava per loro. Pareva si potesse toccarlo. Una volta ce l'aveva con una, una volta con un'altra e non si capiva perché. La donna che aveva preso di mira poteva essere certa che avrebbe ottenuto il peggior posto sul mercato, che sarebbe capitata accanto ai gabinetti, sul giro d'aria, o – peggio ancora – dietro a un'agguerrita concorrente. Il che non solo scoraggiava i clienti disposti a comperare, ancora più doloroso dei cattivi affari era il mal d'orecchi.

Già alcuni giorni prima del mercato, le donne andavano per boschi, a seconda della stagione raccoglievano aglio ursino, spugnole, rose di Natale e bucaneve, li legavano in bei mazzi, li avvolgevano in giornali umidi e li lasciavano al buio, per poterli offrire freschi e invitanti alle signore a passeggio, alle domestiche e alle casalinghe. Spesso la sera prima del mercato chiedevano anche ai nipoti di andare nell'acquitrino dietro il paese, dove fiorivano i primi garofani selvatici, per raccoglierli freschi, e li mettevano nella cejna per le clienti più affezionate, sotto un telo di lino, da dove sbucavano teneri. E quando sfiorivano i primi nunzi della primavera, raccoglievano il tarassaco o il dente di leone, le gemme di abete, facevano profumati mazzetti di mughetti. Veniva posta sopra il cesto per non venire schiacciata anche la lattuga, seminata d'inverno nel giardino di casa e così delicata da dover schivare il sole.

Le prime fragoline di bosco mature erano ancora un po' aspre, ma molto apprezzate perché una rarità, gustose. Molto amati erano anche i signori della foresta, i seducenti compagni che emanavano un fugace sentore del loro odore esotico. I porcini, i funghi più pregiati della stagione. I sanguinacci, solo per intenditori. Le mazze di tamburo per i viziati e privi di fantasia. Decisamente nel centro dell'attenzione erano i nobili porcini scuri e vellutati. Tentavano sempre di essere in vantaggio davanti alle altre donne.

MARKTFRAUEN | *LE DONNE DEL MERCATO* | *BRANJEVKE*

> *„In cima alla cesta, per non schiacciarla, mettevano anche la lattuga, seminata d'inverno nel giardino di casa, tanto delicata da doverla proteggere dal sole.“*

Era quest'ultimo che decideva del piccolo extra che avrebbero potuto permettersi. Perlomeno durante questa unica settimana avrebbero fatto tagliare per sé e per i nipoti un pezzo dal blocco di zucchero e un po' di dolce e appiccicoso torrone. Essere lì prima degli altri dava probabilmente loro anche la sicurezza che nel tempo avrebbero potuto contare su un certo giro di clienti. E questi sapevano che stavano beneficiando della faticosa ricerca da parte di ossa stanche e vecchie, dei loro occhi ancora acuti e dell'immensa conoscenza dei sapori, degli aromi e dei segreti della natura.

C'erano anche giorni di mercato che non volevano ricordare! Quando niente era andato liscio. I clienti abituali non si facevano vedere, il tempo era umido e sgradevole, le gambe gonfie e pesanti. Si rischiava di perdere tutto. Che fare con i fiori avvizziti? Chi li avrebbe voluti? Le fragoline di bosco ammaccate hanno un profumo seducente, ma non si riescono a vendere. La paura di non poter portare a casa nessuna buona nuova rendeva il viaggio più lungo, impolverato e triste. Sul petto scendeva un peso che toglieva il fiato. Cosa poteva passare loro per la testa in quei momenti? Perse nei loro pensieri, desideravano che a causa della loro umile esistenza almeno i loro figli non le guardassero male e che non le rimproverassero per non essersi negate la lingua madre in città.

Ferivano le silenziose accuse secondo le quali, in quanto madri che non si vergognavano della propria lingua, erano corresponsabili del lento e incerto progresso dei loro figli nelle imprese di costruzioni, negli uffici o nell'amministrazione comunale, in campagna o nelle ferrovie. Le rude parole, pronunciate dai loro stessi figli in una lingua che suona loro così strana, come un insulto e un rimprovero, non più espresse nella parlata della loro infanzia, così come erano abituati, ferivano più dei pizzichi e dei graffi, più del doversi togliere il pane di bocca e della faticaccia dei giorni di mercato. Come se la lingua dell'infanzia che usavano tra di loro al mercato quando non si facevano sentire e vedere dalle donne borghesi, questa lingua, che usciva dalla bocca tutta la vita, per i discendenti fosse una catena che chiudeva la porta dalla quale uscire dall'aridità verso un mondo migliore.

Nell'intimità della casa, al crepuscolo, spesso al lume di candela, guardavano attraverso la finestra il grigiore crescente della notte che stava arrivando, incrociando le mani incallite e le dita storte. Erano preghiere quelle che uscivano sommesse dalle loro labbra? O era piuttosto la sensazione del dolore che era stato loro inflitto. O entrambe le cose.

Al contempo si chiedevano perché questo fardello era stato caricato proprio sulle loro spalle, di quale colpa si erano macchiate e perché era stata data loro questa responsabilità. Da sole, lisciando la panca di legno, guardando di traverso dalla finestra, aspettavano, ognuna per sé e senza essersi mai accordate, il tramonto del giorno e della vita.

Guardare il grigiore che si allarga, richiamare alla mente i colori di quella stagione, come un dipinto dell'anima, che si staglia in infinite sfumature – questo era il ritmo che le aveva guidate nella vita, le aveva accompagnate nel tempo e lasciate con le loro lacrime prosciugate che continuavano a scorrere. Sulla parete sopra il letto, l'immagine onnipresente di un angelo che conduce un bambino su una passerella ondeggiante sopra un ruscello. (Il prossimo giorno di mercato di sicuro arriverà.)

Familie Golser in den Vierzigerjahren
La famiglia Golser negli anni '40
Družina Golser v 40-ih letih 20. stoletja

Branjevke

Lojze Wieser

Prihajale so iz bližnjih vasi. Enkrat tedensko, ne glede na vreme. Večinoma peš, le redko so si privoščile vozovnico za rumeni avtobus pošte – ko so bile preveč utrujene ali so pa so travniki in gozdovi bili tako radodarni, da niso mogle vsega spraviti v nahrbtnike in cejne, pletene košare. Od doma so morale že zarana, da so pravočasno prišle na tržnico, na *pvac*, ob šestih in si zagotovile dobro mesto. Vselej so bile odvisne od dobre volje nadzornika tržnice. Čutile so njegov prezir, lahko bi se ga dotaknile. Včasih se je spravil nad eno, naslednjič nad drugo in niso razumele zakaj. Ženska, ki jo je vzel na piko je zagotovo dobila najslabše mesto na tržnici, zraven stranišč, na prepihu ali pa – še slabše – za kakšno zapriseženo tekmico. To ni samo odvračalo strank, ki so hotele kupiti, slab posel je še dodatno zagrenilo vnetje ušes.

Že nekaj dni pred odprtjem tržnice so ženske hodile v gozd ter nabirale čemaž, mavrahe, črne telohe in zvončke, kar je pač ponujal letni čas in jih povezovale v lične šopke. Te so ovile v vlažen časopis in pustile v temi, da so jih sveže in privlačne lahko ponudile gospem na sprehodu, gospodinjam in hišnim pomočnicam.

MARKTFRAUEN | *LE DONNE DEL MERCATO* | *BRANJEVKE*

»Bili so tudi dnevi, ki so se jih nerade spominjale! Ko nič ni bilo tako, kot bi moralo biti.«

Pogosto so prosile svoje vnuke, naj gredo nabrati še sveže prve divje nageljne v močvirje za vasjo, večer pred odhodom na tržnico, in jih polagale v *cejne* za najzvestejše stranke, kjer so sramežljivo kukali izpod lanenega prta. In ko so cveteli prvi znanilci pomladi, so pobirale regrat, smrekove vršičke, izdelovale dišeče šopke iz šmarnic. Da se ne bi pomečkala, so na vrh košare položile solato, ki so jo pozimi posejale na hišnem vrtu.

Prve zrele gozdne jagode so bile še nekoliko kisle, ampak zelo dragocene, ker so redke, *uževčne*. Cenjene so bile tudi gobe, kraljice gozdov, zapeljive spremljevalke, ki so oddajale svoj komaj zaznaven eksotični vonj. Jurčki, najbolj dragocene sezonske gobe. Sirovke, samo za poznavalce. Marele za razvajene in tiste brez domišljije. V središču pozornosti so bili predvsem plemeniti, temni in žametni jurčki. Vedno so poskušale biti v prednosti pred ostalimi ženskami. Po tem so določale, če so si lahko kaj privoščile. Vsaj takrat so lahko sebi in vnukom odrezale kos sladkorja ali lepljivega turškega medu.

Biti tam pred ostalimi je pomenilo tudi, da so si s časom zagotovile določen krog strank, na katere so se lahko zanesle. In te stranke so se zavedale, da uživajo sadove napornega iskanja utrujenih in starih kosti, njihovih ostrih oči in ogromnega poznavanja okusov, dišav in skrivnosti narave.

Bili so tudi dnevi, ki so se jih nerade spominjale! Ko nič ni bilo tako, kot bi moralo biti. Običajnih strank ni bilo, vreme je bilo vlažno in neprijetno, noge otečene in težke. Tvegale so popolno izgubo.

Kaj narediti z uvelimi rožami? Le kdo naj bi jih kupil? Zapuščene in potlačene gozdne jagode zapeljivo dišijo, ampak za prodajo pa niso. Strah, da ne bodo mogle prinesti domov nobene dobre novice, je naredil pot daljšo, prašno in žalostno. V prsih jih je tiščalo. Le kaj se je godilo v njihovih glavah takrat? Izgubljene v lastnih mislih, so si želele, da jih ne bi otroci grdo gledali zaradi njihovega ubogega življenja in jih oštevali, ker niso zatajile maternega jezika v mestu.

Bolele so tihe obtožbe, da so neodgovorne matere, ki se ne sramujejo svojega jezika, zaradi katerega so njihovi otroci počasi napredovali v gradbenih podjetjih, pisarnah ali sodišču, na podeželju ali železnicah. Grobe besede, ki so jih izgovarjali njihovi lastni otroci v nekem, njim tujem jeziku. Žalitve in očitki, nič več izrečeni v jeziku njihovega otroštva, ki so ga bili vajene, so prizadeli bolj kot praske in ščipanje, bolj kot odrekanje in napor na tržnici. Kot da bi bil jezik, ki so ga uporabljale med seboj, ko jih niso videle in slišale mestne gospe, jezik, ki so ga izgovarjale celo življenje, za potomce neke vrste veriga, ki zapira vrata, ki vodijo od pomanjkanja do boljšega življenja.

V domači izbi, ob sončnem zahodu, so s sklenjenimi žuljavimi rokami in zvitimi prsti ob soju sveč skozi okno opazovale dvigajočo se sivino noči, ki se je približevala. Ali so bile to molitve, ki so potiho prihajale iz njihovih ust? Ali pa občutek bolečine, ki so jo čutile? Ali oboje. Medtem, ko so se spraševale zakaj jim je bilo naloženo to breme, za kaj naj bi bile odgovorne in zakaj jim je bila dana ta odgovornost. Same, božajoč leseno klop, s pogledom uprtim skozi okno, so čakale, vsaka zase in brez dogovora, zaton dneva in življenja.

Opazujoč sivino, ki se širi, so si v spomin priklicale barve tistega letnega časa, kot sliko duše, ki se preliva v neštetih odtenkih – to je bil ritem, ki ga jim je narekovalo življenje, jih spremljal skozi čas in puščal presahle solze, ki so še naprej tekle. Na steni nad posteljo je visela vseprisotna podoba angela, ki pelje otroka čez potok po vegasti brvi. (Naslednji dan tržnice bo zagotovo prišel.)

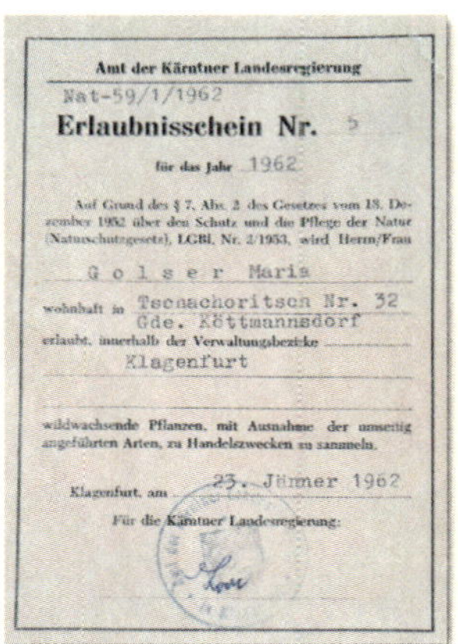

Amt der Kärntner Landesregierung

Nat-59/1/1962

Erlaubnisschein Nr. 5

für das Jahr 1962

Auf Grund des § 7, Abs. 2 des Gesetzes vom 18. Dezember 1952 über den Schutz und die Pflege der Natur (Naturschutzgesetz), LGBl. Nr. 2/1953, wird Herrn/Frau

Golser Maria

wohnhaft in Tschachoritsch Nr. 32 Gde. Köttmannsdorf

erlaubt, innerhalb der Verwaltungsbezirke

Klagenfurt

wildwachsende Pflanzen, mit Ausnahme der umseitig angeführten Arten, zu Handelszwecken zu sammeln.

Klagenfurt, am 23. Jänner 1962

Für die Kärntner Landesregierung:

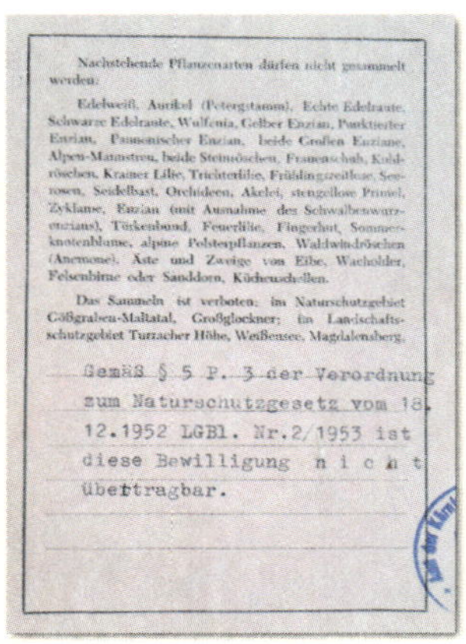

Nachstehende Pflanzenarten dürfen nicht gesammelt werden:

Edelweiß, Aurikel (Petergstamm), Echte Edelraute, Schwarze Edelraute, Wulfenia, Gelber Enzian, Punktierter Enzian, Pannonischer Enzian, beide Großen Enziane, Alpen-Mannstreu, beide Steinröschen, Frauenschuh, Kohlröschen, Kramer Lilie, Trichterlilie, Frühlingszeitlose, Seerosen, Seidelbast, Orchideen, Akelei, stengellose Primel, Zyklame, Enzian (mit Ausnahme des Schwalbenwurzenzians), Türkenbund, Feuerlilie, Fingerhut, Sommerknotenblume, alpine Polsterpflanzen, Waldwindröschen (Anemone), Äste und Zweige von Eibe, Wacholder, Felsenbirne oder Sanddorn, Küchenschellen.

Das Sammeln ist verboten: im Naturschutzgebiet Gößgraben-Maltatal, Großglockner; im Landschaftsschutzgebiet Turracher Höhe, Weißensee, Magdalensberg.

Gemäß § 5 P. 3 der Verordnung zum Naturschutzgesetz vom 18. 12.1952 LGBl. Nr.2/1953 ist diese Bewilligung n i c h t übertragbar.

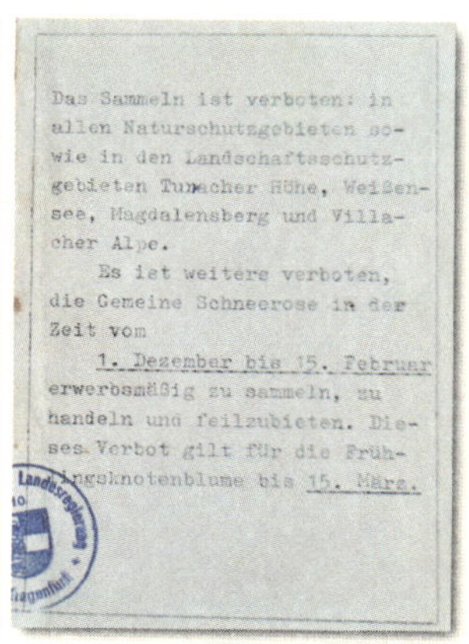

Das Sammeln ist verboten: in allen Naturschutzgebieten sowie in den Landschaftsschutzgebieten Turacher Höhe, Weißensee, Magdalensberg und Villacher Alpe.

Es ist weiters verboten, die Gemeine Schneerose in der Zeit vom

1. Dezember bis 15. Februar erwerbsmäßig zu sammeln, zu handeln und feilzubieten. Dieses Verbot gilt für die Frühlingsknotenblume bis 15. März.

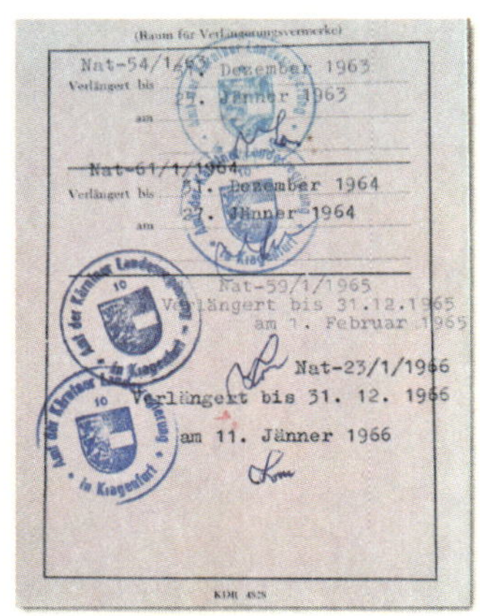

(Raum für Verlängerungsvermerke)

Nat-54/1963

Verlängert bis 31. Dezember 1963

am 25. Jänner 1963

Nat-61/1/1964

Verlängert bis 31. Dezember 1964

am 27. Jänner 1964

Nat-59/1/1965

Verlängert bis 31.12.1965

am 1. Februar 1965

Nat-23/1/1966

Verlängert bis 31. 12. 1966

am 11. Jänner 1966

KDR 4828

Jede Marktfrau musste ihren Erlaubnisschein jährlich verlängern. Ein selten erhaltenes Dokument aus den Sechzigern.
Le donne dovevano rinnovare il permesso per lavorare al mercato ogni anno. Un documento raro degli anni '60.
Branjevke so morale vsako leto obnoviti delovno dovoljenje. Redek dokument iz 60-ih let 20. stoletja.

2019 | 2020

Wenn sich die mediterrane Küche und ein hoher Anspruch an Frische und Geschmack treffen, dann heißt das – „Dolce Vita". Hier finden Gäste eine authentische, regionale Küche, die mit unverfälschten Aromen und überlieferten Rezepten arbeitet. Dazu wird mit den Zutaten gekocht, die die Jahreszeit gerade schenkt.
Stephans Kreationen sind von der Qualität der frischen Zutaten inspiriert, die er täglich am Markt auswählt und mit Begeisterung zubereitet. Das Faszinierende an seinem Beruf ist, dass der Kreativität beim Kochen keine Grenzen gesetzt sind. Stephans Küche entspricht seinen Stimmungen, denn Kochen ist eine Herzenssache.

Stephan Vadnjal

DOLCE VITA

„Dolce vita" è quando si incontrano la cucina mediterranea e un'incalzante domanda di freschezza e di gusto. Da noi gli ospiti troveranno un'autentica cucina locale, sapori genuini e ricette tradizionali, il tutto cucinato con ingredienti che ci offre la stagione. Le creazioni di Stephan si ispirano alla qualità degli ingredienti freschi che egli ogni giorno sceglie al mercato e prepara con entusiasmo. Ciò che affascina del suo lavoro è la creatività della sua cucina che non conosce limiti. La cucina di Stephan corrisponde ai suoi umori, perché cucinare è una questione di cuore.

„Dolce vita" je ko se srečata mediteranska kuhinja in potreba po svežini in okusu. Pri nas gostom ponujamo domačo kuhinjo, pristne okuse in tradicionalne recepte. Pripravljeni so iz sestavin, ki jih ponujajo letni časi. Stephan išče svoj navdih v svežih, kakovostnih sestavinah, ki jih vsak dan skrbno izbira na tržnici in pripravlja z navdušenjem. Tisto, kar nas pri njem najbolj očara, je kreativnost, ki ne pozna meja. Stephanova kuhinja sovpada z njegovimi stanji duha, ker je kuhanje stvar srca.

2019

Die Küche im Grič ist geprägt von slowenischem kulturhistorischem Erbe und moderner Küche. All das Gemüse wird von Lukas Vater Hinko Košir auf heimischem Boden angebaut und er produziert all die hausgemachten Spirituosen und Liköre, die im Restaurant angeboten werden. Er betreibt auch eine eigene Entenfarm. Luka war vier Jahre lang Chefkoch im Restaurant JB (Janez Bratovž). 2009 begann er in seinem eigenen Traumlokal „Brunarica Grič" zu arbeiten, wo er seine eigene Identität entwickelte, indem er lokale, wilde und tägliche frische Produkte vermehrt förderte. Bei einem Besuch in seinem Lokal bekommen Gäste die Jahreszeit, das Wetter, die umgebende Natur auf ihrem Teller serviert.

Luka Košir

BRUNARICA GRIČ

La cucina del Grič combina il patrimonio storico culturale sloveno con la cucina moderna. Tutte le verdure sono coltivate sul terreno del padre di Lukas, Hinko Košir che produce anche le grappe e i liquori, offerti nel ristorante. Egli ha inoltre un allevamento di anatre. Luka è stato per quattro anni capo cuoco del ristorante JB (Janez Bratovž). Nel 2009 ha iniziato a lavorare nel suo locale dei sogni, la „Brunarica Grič", dove ha avuto la possibilità di sviluppare la propria identità aumentando l'offerta di prodotti locali, selvatici e freschi. Gli ospiti che visitano il suo ristorante gustano nei propri piatti la stagione, il clima e la natura circostante.

Kuhinjo v Griču zaznamuje slovenska kulturno-zgodovinska dediščina in moderna kuhinja. Vso zelenjavo prideluje Lukov oče, Hinko Košir, na domačih tleh, prav tako pa prideluje vse žganjice in likerje, ki jih ponujajo v restavraciji. Ob tem pa skrbi še za svojo račjo kmetijo. Luka je štiri leta delal kot glavni kuhar v restavraciji JB (Janez Bratovž). 2009 je pričel delati v svojem lastnem sanjskem lokalu „Brunarica Grič", kjer je razvil svojo identiteto s povezovanjem lokalnih, divjih in dnevno svežih pridelkov. Ob obisku svojim gostom na krožniku pričara letni čas, vreme ter naravo.

2019

Er studierte Meeresbiologie an der Universität Ljubljana und stammt aus Corte d'Isola im slowenischen Istrien, wo er einen kleinen Familienbetrieb besitzt. Er sammelte verschiedene Erfahrungen in Slowenien und Kroatien und kam schließlich 2017 zum Antico Caffè San Marco in Triest. Er fällt sofort durch sein Schaffen auf, eine perfekte Synthese aus Studium, Land und Meer. Tatsächlich ist in jedem seiner Gerichte eine sehr starke Verbindung mit dem Territorium vorhanden. Seine verschiedenen Gerichte mit veganen als auch Fisch- und Fleischrezepten sind wahre Geschmackserlebnisse, die uns die Aromen der Region, des Gartens und der Landschaft schätzen lassen.

Emanuele Scarello

AGLI AMICI DAL 1887

Nell'insegna c'è la filosofia: stare a casa di amici, accolti con calore, nutriti amorevolmente... dal 1887, ben cinque generazioni, ognuna figlia del suo tempo e artefice del proprio gusto! La cucina, di terra e di mare, che traduce territorio e tradizione, sana e golosa, attenta all'ospite: cuciniamo per lui come se fosse uno di famiglia, con la stessa passione e la stessa energia. Ascoltiamo le stagioni. Sentiamo gli ingredienti, che nella nostra piccola regione sono tantissimi, eccellenti, unici: le patate di Godia, la rosa di Gorizia, il pescato della laguna...

Že ime lokala nam pojasni filozofijo podjetja: biti doma pri prijateljih, biti prisrčno sprejet in pogoščen... od leta 1887, preko 5 generacij, ki so vsakič času primerno kreirale svoj stil okusov! Celinska in morska kuhinja, z navdihom regionalnosti in tradicije, zdrava in okusna, po željah gostov. Kuhamo zanje, kot bi bili člani družine, z enako strastjo in enako energijo. Ravnamo se po letnih časih in pazimo na sestavine, ki so v naši majhni regiji zastopane v tako velikem številu, so izvrstne in edinstvene: krompir iz Godie, radič roza sorte iz Gorice...

Die Liebe zu unserer Küche beinhaltet die Vielfältigkeit, den Respekt für die Zutaten und die Produkte, die unsere Landschaft in allen Jahreszeiten bereithält. Das Meer und seine Lagunen, die Harmonie dieses einzigartigen Ambientes sind Ausdruck der Inspiration, der Düfte und Farben, die wir auf unseren Tellern sammeln und zusammenführen zu einer modernen Küche, ohne die althergebrachten Geschmäcker zu vergessen.

Günter Piccolruaz

HOTEL STÖRES – FAMIGLIA RUDIFERIA

La cucina che amiamo proporre è l'espressione della varietà e del rispetto per le materie prime e per i prodotti che il territorio offre in ogni stagione. Il mare e la sua laguna, l'armonia di un ambiente unico, sono motivo di ispirazione per i profumi e i colori che raccogliamo nei nostri piatti, quando ci affacciamo su di una cucina moderna senza dimenticare i sapori „antichi".

Naša kuhinja odraža raznolikost in spoštovanje do njenih surovin in izdelkov, ki jih naš teritorij ponuja v vseh letnih časih. Morje in njegova laguna, harmonija enkratnega okolja, sta naš navdih za vonjave in barve, ki jih združujemo v naših jedeh, ko se spogledujemo s sodobno kuhinjo, pri tem pa ohranjamo starodavne okuse.

2019 | 2020

Die vielfach prämierte Köchin Fabrizia bezeichnet sich selbst als „Autodidaktin", die ihre Leidenschaft für die Küche von ihrer Mutter und Großmutter geerbt hat. Ihre Ausbildungsjahre im Friaul, in Venetien und in Kärnten haben den Grundstein für ihre Meisterschaft in der Küche gelegt. Der Geschmack dieser Regionen und deren saisonale Produkte kennzeichnen ihre Speisen, zu denen ihr Ehemann Robert hingebungsvoll die passenden Weine aus seinem Keller wählt. In der Küche des Hauses aus dem 18. Jahrhundert, in welchem ihr Lokal Laite seinen Sitz hat, verarbeitet Fabrizia einfach und präzise die regionalen Produkte und bietet damit ein eindrucksvolles gastronomisches Erlebnis.

Fabrizia Meroi

RISTORANTE LAITE

Chef pluripremiata, Fabrizia si definisce "cuoca autodidatta" ereditando la passione da mamma e nonna. I suoi anni di formazione in Friuli, Veneto e Carinzia hanno costruito la sua sapienza gastronomica. I sapori di queste terre e i prodotti di ogni loro stagione caratterizzano i suoi menu, abbinati ai vini scelti con passione dal marito Roberto nella sua cantina. Nella cucina della casa settecentesca, dove risiede il suo ristorante Laite, Fabrizia lavora con semplicità e precisione prodotti del territorio.

Večkratna nagrajenka kuharica Fabrizia se sama imenuje kot »samoukinja«, ki je svojo strast za kuhinjo podedovala po svoji materi in babici. Njena leta izobraževanja v Furlaniji, Benečiji in na avstrijskem Koroškem so bila temeljni kamen za njeno mojstrstvo v kuhinji. Njene jedi, h katerim mož Robert požrtvovalno izbira ustrezna vina iz svoje kleti, so zaznamovane z okusom teh regij in njihovih sezonskih proizvodov. V kuhinji hiše iz 18. stoletja, v kateri ima svoj sedež njen lokal Laite, Fabrizia preprosto in natančno predeluje regionalne proizvode ter nudi izjemno gastronomsko doživetje.

2019

Aus der Nähe sollts sein und wegwerfen dürf ma nix!“, so das Credo von Leo Suppan, Küchenchef im Restaurant Leiten am Weingut Karnburg. Seit 2017, der ersten Stunde, hat er das Kommando in und um die kleine und feine Küche am Weingut. So auch die wöchentlich wechselnde Speisekarte, die geprägt ist von althergeholten Rezepten, aber ganz neuen kreativen Gerichten. Zubereitet mit Produkten aus dem eigens angelegten Gemüsegarten und/oder von Bauern aus der näheren Umgebung, mit denen er mit allen per Du ist. Alles, was nicht auf den Teller passt, kommt ins Einmachglas, um im Winter vorbereitet zu sein.

Leo Suppan

RESTAURANT LEITEN AM WEINGUT KARNBURG

„Dev'essere locale e non si butta via niente!”, ecco il credo di Leo Suppan, chef del ristorante Leiten am Weingut Karnburg. Sin dalla prim'ora nel 2017, egli è al comando della deliziosa cucina raffinata immersa nell'omonimo vigneto. L'eleganza si riflette anche nel menù a cadenza settimanale, caratterizzato da tradizionali ricette che si tramutano in piatti all'insegna della creatività e dell'innovazione, preparati con i prodotti dell'orto di casa e/o di contadini vicini con cui è nato nel tempo un rapporto amichevole e informale. Tutto ciò che non si addice al piatto è destinato a conserva per essere impiegato d'inverno.

Geslo Lea Suppana, šefa kuhinje v restavraciji Leiten na vinogradniškem posestvu Karnburg, se glasi: »Po možnosti naj bo iz bližine in ničesar ne smemo zavreči!« Od leta 2017, od prve ure dalje, poveljuje v majhni in izvrstni kuhinji na vinogradniškem posestvu. Prav tako skrbi za jedilnik, ki se spreminja tedensko in izvira iz tradicionalnih receptov, a popolnoma novih kreativnih jedi. Pripravljajo jih iz pridelkov in proizvodov z lastnega zelenjavnega vrta in/ali od kmetov iz bližnje okolice, s katerimi se tika. Vse, kar ne gre na krožnik, pride v kozarec za vlaganje, da so oskrbljeni za zimo.

2019

Meine Philosophie des Kochens ist, dass alles, was man dem Gast serviert, im Restaurant zubereitet wird (Brot, Nudeln, Saucen, Süßspeisen). Ich verwende nur frische Lebensmittel und diese werden auch täglich neu zubereitet. Meiner Meinung nach soll ein Restaurant keine zu große Speisekarte haben. Ich selbst habe nur drei Menüs und 15 Speisen, weil ich mich jedem Teller widme. Meine Speisen sind ziemlich einfach zubereitet, da zu viele Geschmäcker auf einem Teller nicht gut sind, und bestehen üblicherweise aus 2 bis 3 Zutaten, die sich zu einer Gesamtheit verflechten. Es ist sehr wichtig, gute, verlässliche und langjährige Lieferanten zu haben.

Janez Bratovž

JB RESTAURANT

La mia filosofia in cucina mira a preparare all'interno del ristorante tutto ciò che viene servito (pane, pasta, salse, dolci). Utilizzo esclusivamente alimenti freschi che vengono preparati al momento, ogni giorno. A mio avviso un ristorante non dovrebbe avere una carta dei menù troppo ricca. Io stesso ho soltanto tre menù e 15 piatti, perché mi dedico con passione ad ogni singola pietanza. I miei piatti vengono preparati in modo piuttosto semplice perché evito di mescolare troppi sapori in uno stesso piatto. In genere utilizzo 2-3 ingredienti che si sposano in un connubio completo. È fondamentale inoltre avvalersi di fornitori validi, affidabili e di lunga data.

Moja filozofija kuhanja je, da vse kar se postreže gostu mora biti pripravljeno v restavraciji (kruh, testenine, omake, sladice). Uporabljam samo sveža živila, ki jih pripravljam vsak dan sproti. Mislim, da restavracija ne sme imeti prevelik jedilni list. Sam imam samo tri menije in 15 jedi, ker se posvetim vsakemu krožniku posebej. Moje jedi so zelo preproste, ki nikoli ne mešam preveč okusov hkrati. Zelo pomembno je imeti dobre, zanesljive in dolgoletne dobavitelje.

2019

Christian lebt tagtäglich die Küche des Alpen-Adria-Raumes – nicht nur, weil er mit dem Benediktinermarkt und seinen Händlern Triestiner, Friulaner, Slowenen und Kärntner mit dem gesamten Potpourri an köstlichen Rohwaren vor der Nase hat. Vor Jahren führte er das als „bestes Restaurant Kroatiens" ausgezeichnete „Bistro Apetit". Nach 30 Jahren in der Top-Gastronomie Europas kehrte Spitzenkoch Christian Cabalier zurück nach Kärnten und eröffnete seine „Kochwerkstatt". Der geborene Klagenfurter gestaltet die Speiskarte mit leichten Gerichten mit kärntnerisch-mediterranem Touch. Heißt: Grillen, Brunch, Italienisch und die Küche des Südens.

Christian Cabalier

KOCHWERKSTATT

La cucina della regione dell'Alpe Adria fa parte della vita quotidiana di Christian, non solo perché egli si trova presso il mercato Benediktiner, ma anche perché ha davanti al naso un intero pot-pourri di deliziose materie prime che gli arrivano dai fornitori triestini, friulani, sloveni e carinziani. Anni fa conduceva il „Bistro Apetit" che è stato insignito del titolo di „Miglior ristorante della Croazia". Dopo 30 anni di esperienze nei migliori ristoranti europei, è tornato in Carinzia come Top-Chef ed ha aperto il suo „Kochwerkstatt". Nativo di Klagenfurt, progetta i suoi menù con piatti leggeri, dando loro un tocco carinziano-mediterraneo. Crea piatti alla griglia, brunch e si ispira a ricette italiane e alla cucina del sud.

Christian dnevno živi kuhinjo območja Alpe-Jadrana – tudi zato, ker je na Benediktinskem trgu vsak dan obkrožen s trgovci iz Trsta, Furlanije, Slovenije in avstrijske Koroške, ki ponujajo svoje izvrstne pridelke in izdelke. Pred leti je vodil „Bistro Apetit", ki si je prislužil naziv najboljše restavracije Hrvaške. Po tridesetih letih nabiranja izkušenj v najboljših evropskih restavracijah, se je vrnil na Koroško kot vrhunski kuharski mojster in v Celovcu odprl svoj „Kochwerkstatt". Po rodu Celovčan, oblikuje svoje jedilnike z lahkimi jedmi, katerim dodaja koroško-mediteranski pridih. Ponuja jedi z žara, brunch, navdih pa išče v italijanski kuhinji in kuhinji juga.

2019

Das größte Abenteuer ihres Lebens" startete Lisa Wieland in den USA, im Spago in Beverly Hills, dem Mutterschiff des kulinarischen Imperiums von Wolfgang Puck. Ein Jahr arbeitete sie hier unter dem japanischen Chefkoch Tetsu Yahagi. Und seit 2016 verköstigt sie an Pucks Seite bei der Oscar-Verleihung bis zu 1.600 Hollywood-Stars. Als Küchenchefin des CUT at 45 Park Lane, ein modernes amerikanisches Steakhaus in 5-Sterne-Atmosphäre, leitet sie ein Team von rund vierzig Köchinnen und Köchen. Ihre Leidenschaft für das Kochen aber entdeckte sie in ihrer Kindheit auf dem Land, in der Gasthausküche ihrer Großmutter.

Lisa Wieland

CUT AT 45 PARK LANE

Per Lisa Wieland "L'avventura più grande della sua vita" è iniziata negli USA, allo Spago di Beverly Hills, portabandiera dell'impero culinario dello chef Wolfgang Puck. Per un anno ha operato ai fornelli sotto la direzione dello chef giapponese Tetsu Yahagi. E dal 2016, alla consegna dei premi Oscar, delizia i palati di 1.600 star hollywoodiane al fianco di Puck.In veste di capocuoca del CUT at 45 Park Lane di Londra, una moderna steakhouse americana dall'atmosfera da 5 stelle, dirige una brigata di circa quaranta cuochi. Ma la passione per la cucina ha origini sin dalla sua infanzia, nella semplice campagna, coltivata nella trattoria della nonna.

Največjo pustolovščino svojega življenja« je Lisa Wieland pričela v ZDA, v restavraciji Spago v Beverly Hillsu, matični restavraciji kulinaričnega imperija Wolfganga Pucka. Eno leto je delala pod okriljem japonskega šefa Tetsuja Yahagija. Od leta 2016 pa ob podelitvi oskarjev ob Puckovi strani kuha za 1.600 hollywoodskih zvezd. Kot šefica kuhinje v restavraciji CUT at 45 Park Lane, sodobnem ameriškem steak houseu v atmosferi 5 zvezdic, vodi ekipo okrog štiridesetih kuharjev in kuharic. Svojo kuharsko strast je odkrila v otroštvu na deželi, v babičini gostilniški kuhinji.

2019

Ana Roš ist eine slowenische Köchin, Sport- und Reiseliebhaberin. Im Jahr 2017 wurde sie als beste Köchin der Welt von der Zeitschrift Restaurant ausgezeichnet. Sie ist eine autodidaktische Köchin, die mit ihrer Küche die unterschiedlichen Jahreszeiten, die Lokalität, ihren eigenen Charakter, ihre Reisen und ihre Weiblichkeit ausdrücken möchte. Sie und ihr Lebenspartner Valter Kramar besitzen das Restaurant Hiša Franko in Kobarid, welches im Juni 2018 auf Rang 48 unter den besten Restaurants der Welt lag.

Ana Roš

HIŠA FRANKO

Chef d'origini slovene, Ana Roš è un'appassionata di sport e viaggi. Nel 2017 è stata proclamata "migliore cuoca donna del mondo" dalla rivista Restaurant. Si definisce una cuoca autodidatta che ama esprimere la propria cucina attraverso le varie stagionalità, i prodotti locali, il proprio carattere, la passione per i viaggi e un tocco di femminilità. Insieme al marito Valter Kramar gestisce il ristorante Hiša Franko a Caporetto, classificatosi nel giugno 2018 al 48° posto fra i migliori ristoranti al mondo.

Ana Roš je slovenska kuharica ter ljubiteljica športa in potovanj. Leta 2017 ji je revija Restaurant podelila naziv najboljše kuharice na svetu. Je samouka kuharica, ki želi s svojo kuhinjo izražati različne letne čase, prostor, svoj lastni značaj, svoja potovanja in svojo ženskost. Z življenjskim partnerjem Valterjem Kramarjem sta lastnika restavracije Hiša Franko v Kobaridu, ki je junija 2018 bila uvrščena na 48. mesto najboljših restavracij na svetu.

2019

Sein Handwerk hat er in den besten Küchen Österreichs erlernt. Seine Kreativität und die Liebe zum Detail wurden ihm schon in die Wiege gelegt. Bernd Thaller findet immer wieder neue Wege, seinen Speisen eine ganz besondere Note zu verleihen. Eine einfache Polenta wird dabei zu einem ganz ausgewöhnlichen kulinarischen Erlebnis. Dabei lässt sich Bernd Thaller gerne von traditionellen Rezepten aus der Kärntner und der Alpen-Adria-Küche inspirieren. In jedem Fall aber kommt nur auf den Teller, was schmeckt und seinem hohen Qualitätsanspruch gerecht wird.

Bernd Thaller

RESTAURANT OSCAR

Nelle migliori cucine d'Austria egli ha appreso con sapienza l'arte culinaria, sapendola abbinare alla creatività e all'amore per i dettagli che ha da sempre nei geni. Bernd Thaller sperimenta costantemente nuove strade per donare alle proprie ricette quel tocco davvero particolare, trasformando ad esempio una semplice polenta in un'esperienza culinaria pronta a stupire. Ciononostante, Bernd Thaller ama trarre ispirazione dalle ricette tipiche della cucina carinziana e dell'Alpe Adria. Impiattato viene comunque solo ciò che gli piace e che soddisfa gli elevati requisiti di qualità da lui posti.

Svoje obrti se je naučil v najboljših kuhinjah Avstrije. Kreativnost in ljubezen do detajlov sta mu bili položeni že v zibel. Bernd Thaller vedno znova najde nove poti, da svoje jedi oplemeniti s prav posebno noto. Tako iz preproste polente pripravi resnično nenavadno kulinarično doživetje. Bernd Thaller rad išče navdih v tradicionalnih receptih kuhinje avstrijske Koroške in območja Alpe-Jadrana. Vsekakor pa pride na krožnik samo to, kar tekne in ustreza njegovim visokim kakovostnim zahtevam.

2019

Was ihn ausmacht: Raffinesse und ein großer Schatz an Erfahrungen aus dem In- und Ausland. Seine Prägung durch unermüdliche gastronomische Recherchen, bei denen der Respekt gegenüber den Zutaten, die Herkunftsorte und die Saisontreue im Mittelpunkt stehen. Experimentierfreudigkeit, die der Tradition einen hohen Stellenwert beimisst, aber auch stil- und geschmackvolle Abweichungen von dieser zulässt.
Der Koch folgt einer Küchenphilosophie, die er im Laufe der Jahre perfektioniert hat, die von Aufmerksamkeit und Ethik geprägt ist und die mit Respekt und Neugier auf die Zutaten achtet. Seine Küche ist in hohem Maße ansprechend und schöpft aus der täglichen Recherche nach neuen Ansätzen.

Roberto Franzin

ROBERTO FRANZIN, FOOD COUNSELLINGE

Raffinato e di grande esperienza nazionale e internazionale. Caratterizzato dalla sua continua ricerca gastronomica che punta al rispetto verso i prodotti, i luoghi d'origine, le stagionalità. Sperimentazione volta a valorizzare la tradizione ma che non sfugge alla contaminazione, con stile e gusto. Possiede una filosofia di cucina perfezionata nel corso degli anni, attenta ed etica, che guarda con rispetto e curiosità alle materie prime, grande piacevolezza, frutto di quotidiana ricerca.

Zanj je značilno: prefinjenost ter velik zaklad izkušenj iz domačih in tujih krajev. Njegov značaj je zaznamovan z neutrudnimi kulinaričnimi raziskavami, pri katerih so v ospredju spoštovanje do sestavin, kraji izvora in zvestoba sezoni. Veselje do eksperimentiranja, ki tradiciji pripisuje veliko vrednost, a dopušča tudi ubrane in okusne variacije. Kuhar sledi kuhinjski filozofiji, ki jo je izpopolnil tekom let, v kateri se odražata pozornost in etika ter spoštovanje in radovednost do sestavin. Njegova kuhinja je v visoki meri privlačna in iz dnevnih raziskav črpa nove zasnove.

2019

Der Chef Uroš Fakuč, mit seiner unermesslichen Leidenschaft, immer etwas Neues und Besseres zu schaffen, kreiert eine moderne mediterrane Küche, die den Welttrends des Kochens folgt, jedoch gleichzeitig die Tradition und das Umfeld seines Schaffens respektiert. Vor allem aber folgt er seinen Gedanken und kreiert so, dass es ihm gefällt. Er schwört auf Authentizität von besten Zutaten, tunlichst regionalen, und auf originelle Geschmäcker, die er mit einigen überlegten Zusätzen zu einer Explosion des puren Genusses erhebt.

Uroš Fakuč

DAM RESTAURANT & WINE BAR

Grazie alla sua immensa passione di creare sempre qualcosa di nuovo e di migliore, lo chef Uroš Fakuč, dà vita ad una moderna cucina mediterranea che segue le tendenze mondiali in cucina, onorando al contempo la tradizione e il contesto delle sue creazioni. In primis segue però le proprie idee e crea in modo tale da essere soddisfatto del risultato. Punta sull'autenticità degli ingredienti migliori, su sapori possibilmente regionali e originali che, abbinandoli sapientemente ad alcune aggiunte, egli eleva ad un'esplosione di piacere puro.

Chef Uroš Fakuč z neizmerno strastjo do ustvarjanja vedno novega in boljšega kreira moderno mediteransko kuhinjo, ki sledi svetovnim kuharskim trendom, a obenem spoštuje tradicijo in značilnosti okolja, v katerem ustvarja. Zlasti pa sledi svojim željam in ustvarja tisto, kar je in kot je njemu všeč. Prisega na avtentičnost najboljših sestavin, po možnosti lokalnih, in na originalne okuse, ki jih z nekaj premišljenimi dodatki povzdigne v eksplozijo čistega užitka.

Die Kochphilosophie von Jure Tomič beruht auf dem Respekt vor der Tradition, einem innovativen Ansatz zur Modernisierung von Gerichten und der Verwendung von frischen Zutaten aus der Region. Seine Gerichte sind einfach, aber überraschend mit der Reinheit des Geschmacks und gewagten Kombinationen. Normalerweise regieren nur drei bis vier Zutaten auf dem Teller, aber immer von hochwertiger Qualität und möglichst aus der Umgebung. Jure Tomič ist kreativ und traditionell, wenn er mit den Kochtrends flirtet. Hohen Respekt zollt er jedoch der lokalen Umgebung, Bräuchen und Traditionen.

Jure Tomič

OŠTERIJA DEBELUH

La filosofia culinaria di Jure Tomič si fonda sul rispetto della tradizione, un approccio innovativo per creare piatti moderni e l'utilizzo di ingredienti locali freschi. I suoi piatti sono semplici ma sorprendenti per la purezza del gusto e gli accostamenti audaci. Di solito nel piatto dominano solo tre o quattro ingredienti, ma sempre di alta qualità e preferibilmente provenienti dal territorio. In cucina, quando flirta con le tendenze, Jure Tomič è al contempo creativo e tradizionale. Mantiene però sempre un grande rispetto per il territorio, i costumi e gli usi locali.

Kulinarična filozofija Jureta Tomiča temelji na spoštovanju tradicije, inovativnem pristopu v ustvarjanju sodobnih jedi in uporabi svežih lokalnih sestavin. Njegovi krožniki so preprosti in presenetljivi hkrati, zaradi čistosti okusov in drznih kombinacij. V njegovih jedeh ponavadi prevladujejo le tri ali štiri sestavine, ki pa so vedno visoko kakovostne in po možnosti lokalne. Ko se spogleduje s kulinaričnimi tendencami, je Jure Tomič hkrati ustvarjalen in tradicionalen. V vsakem primeru pa spoštuje teritorij, lokalne običaje in navade.

2020

Andrea erhält Energie und Inspiration aus dem Wald des Gadertals. Für ihn ist es eine „Dimension“, in die er sich mit großem Respekt vor dem Leben vertieft. Andrea erkennt wertvolle Kräuter, um Speisen und Getränke mit einem einzigartigen Geschmack zuzubereiten. Seine Küche ist einfach, kreativ und unverfälscht, aus lokalen Zutaten kreiert, und er achtet besonders darauf, den Geschmack und den Nährwert der Rohstoffe lebendig zu erhalten.

Andrea Irsara

RISTORANTE STÜA DLA LÂ / GRAN ANDER – GOURMET HOTEL

Andrea trae energia e ispirazione dal bosco della Val Badia. Per lui questa è una „dimensione“ da approfondire con grande rispetto per la vita. Andrea sa riconoscere le erbe pregiate che utilizza per preparare cibi e bevande dal gusto unico. La sua cucina è semplice, creativa e genuina, concepita usando ingredienti locali e con una particolare cura nel mantenere vivo il gusto e il valore nutritivo delle materie prime.

Andrea svoj navdih in energijo črpa iz gozda doline Val Badia. Zanj je to dimenzija, ki jo poglablja z velikim spoštovanjem do življenja. Andrea pozna žlahtna zelišča za pripravo jedi in pijač enkratnega okusa. Njegova kuhinja je preprosta, kreativna in pristna, ustvarjena z domačimi izdelki, posebno pozornost pa namenja ohranjanju okusa in hranilnih vrednosti sestavin.

2020

Tom Mascher – Koch aus Leidenschaft. Bereits mit 23 Jahren hat Tom seine erst Haube erkocht und leitet seit mittlerweile sieben Jahren die Küche im familieneigenen Hotel „Pfleger“ in Anras/Osttirol.
Auf seiner Speisekarte finden sich „Leibspeisen“ aus der traditionellen Tiroler Wirtshausküche (wie Schlipfkrapfen oder geschmorte Kalbsbackerln) ebenso wie internationale Spezialitäten auf höchstem Niveau. Die Basis dafür sind qualitativ hochwertige Produkte aus der Region, die in der Küche mit internationalen Gewürzen bzw. Lebensmitteln ergänzt werden. In jedem Gericht steckt viel Herzblut – und eine unerschöpfliche Kreativität.

Tom Mascher

HOTEL PFLEGER

Tom Mascher – cuoco per passione. Tom ha conquistato il suo primo Cappello Gault-Millau all‘età di 23 anni e da sette anni gestisce la cucina nell‘hotel “Pfleger” a conduzione familiare, ad Anras / Tirolo Orientale. Il suo menu comprende i „piatti preferiti“ della cucina tradizionale tirolese delle locande (come le mezzelune Schlipfkrapfen o le guance di vitello brasate) e specialità internazionali di altissima qualità. Fanno da base ottimi prodotti di della regione, combinati in cucina con spezie e cibi internazionali. Ogni piatto è un connubio di cuore, anima e di una inesauribile creatività.

Tom Mascher – kuhar iz strasti. Tom je svojo prvo kapo Gault-Millau osvojil pri 23. letih in že sedem let vodi kuhinjo v družinskem hotelu „Pfleger“ v Annrasu / Vzhodna Tirolska. Njegov jedilnik ponuja priljubljene jedi tradicionalne tirolske kuhinje domačih gostiln (kot so polmeseci *Schlipfkrapfen* ali dušene telečje ličnice) ter mednarodne specialitete najvišje kakovosti. Vse to temelji na kakovostnih regionalnih izdelkih, ki jih dopolnjuje z začimbami in živili iz celega sveta. V vsako jed vloži srce in dušo in neizčrpno ustvarjalnost.

2020

Inmitten der Lienzer Dolomiten und nahe dem Großglockner liegt der Arbeitsplatz von Lukas Gröfler, 2-Hauben-Koch im Dolomitengolf Suites Hotel in Lavant. Küchenchef im Restaurant Vincena, das bei Gästen und Gourmets nicht nur mit toller Aussicht, sondern auch mit ausgezeichneter Küche punktet.
Für Lukas Gröfler ist kochen mehr Berufung als Beruf. Der sympathische Spitzenkoch liebt seinen Job. Die Küche des jungen Küchenprofis ist ein Mix aus der alpinen klassischen Küche und einer modernen Interpretation. Regionalität mit internationalen Zutaten und Einflüssen – das Kombinieren bereitet Lukas besonderen Spaß.

Lukas Gröfler

DOLOMITENGOLF SUITES

Nel mezzo delle Dolomiti di Lienz e vicino al Grossglockner, Lukas Gröfler, chef con due cappelli Gault-Millau, lavora al Dolomitengolf Suites Hotel a Lavant. Chef nel ristorante Vincena, che conquista ospiti e buongustai non solo con una splendida vista, ma anche con un'ottima cucina. Per Lukas Gröfler cucinare è più una vocazione che un lavoro. Il simpatico chef adora il suo lavoro. La cucina del giovane professionista è un mix di cucina alpina classica e un'interpretazione moderna. Regionalità mescolata ad ingredienti e influenze internazionali: per Lukas combinare è un divertimento.

Sredi lienških Dolomitov in bllizu Velikega Kleka (Grossglockner), Lukas Gröfler, šef z dvema kapama, dela v Dolomitengolf Suites v Lavantu. Šef kuhinje v restavraciji Vincena, ki goste in sladokusce prevzame ne samo zaradi čudovitega razgleda, ampak tudi odlične kulinarične ponudbe. Za Lukasa Gröflerja je kuhanje poklic in ne služba. Simpatični šef obožuje svoje delo. Kuhinja tega mladega profesionalca je mešanica klasične alpske kuhinje in sodobne interpretacije iste. Lokalno z mednarodnimi sestavinami in vplivi: z združevanjem teh se Lukas zabava, ko ustvarja svoje jedi.

2020

David Vračko, vom Restaurant MAK in Maribor, zählt zu den besten Köchen Sloweniens. Er ist Künstlertyp und Philosoph! Ohne Menü und Weinkarte ist der Gast einer Auswahl an frischen saisonalen Zutaten und kulinarischen Inspirationen von Küchenchef David überlassen. Er führt Sie durch eine reiche Palette von Farben, Aromen und Düften und bereitet aus Kreativität, Können und Leidenschaft mutige Kombinationen. Im MAK muss man loslassen und genießen, indem man den Anweisungen des Kochs folgt.

David Vračko

RESTAVRACIJA MAK

David Vračko, del ristorante MAK di Maribor, è uno dei migliori cuochi della Slovenia. È un po' artista e un po' filosofo! Non c'è un menu o una lista dei vini e l'ospite deve affidarsi alla selezione di ingredienti freschi e stagionali e all'ispirazione culinaria dello chef David. Egli ti guida attraverso una ricca tavolozza di colori, aromi e fragranze e prepara abbinamenti audaci per creatività, abilità e passione. Nel MAK devi lasciarti andare e divertirti seguendo le istruzioni del cuoco.

David Vračko iz mariborske restavracije MAK je eden izmed najboljših slovenskih kuharjev. Umetnik in filozof hkrati! Pri njemu ni jedilnika in ne vinske karte, zato mora gost zaupati njegovi izbiri svežih in sezonskih sestavin ter trenutnem kulinaričnem navdihu. Gosta spremlja skozi bogato paleto barv, dišav in vonjav, njegove predrzne kombinacije pa odlikujejo ustvarjalnost, umetelnost in strast. V MAK-u se moraš prepustiti in zabavati po navodiliih kuharja.

2020

Die „Hiša Denk" ist ein Restaurant und Gästehaus in Zgornja Kungota zwischen steirischer Weinstraße und Maribor. Chefkoch Gregor Vračko war lange auf der Suche nach etwas mehr, weshalb er die Welt bereiste und mit einem Löffel voll Wissen, Erkenntnissen und Ideen zurückkam und den elterlichen Betrieb übernahm. Das Angebot konzentriert sich auf die natürlichen Ressourcen der Umgebung und auf die kulinarische Familientradition. Gregor Vračko liebt das Spiel mit dem Experiment, komponiert wunderschöne Teller und traut sich, kräftige Kombinationen zu realisieren. Die Geschmäcker auf seinen Tellern sind erkennbar, jedoch so meisterhaft ineinander verwoben, dass man sich einfach nicht mehr an die Zutat erinnern kann, die auf der Zungenspitze liegt. Die Weinkarte ist eine Auswahl hochwertiger Weiß-, Rot- und Orangenweine von renommierten in- und ausländischen Winzern.

Gregor Vračko

HIŠA DENK

La „Hiša Denk" è un ristorante e una pensione a Zgornja Kungota tra la Strada del Vino della Stiria e Maribor. DA molto tempo lo chef Gregor Vračko era alla ricerca di qualcosa in più, motivo per cui ha girato il mondo ed è tornato con una manciata piena di conoscenze, intuizioni e idee e ha rilevato l'azienda di famiglia. L'offerta punta sulle risorse naturali del territorio e sulla tradizione culinaria di famiglia. Gregor Vračko ama giocare con gli esperimenti, compone splendidi piatti e osa creare audaci combinazioni. I sapori sui suoi piatti sono riconoscibili, ma così magistralmente intrecciati tra di loro che semplicemente non riesci a ricordare l'ingrediente che hai sulla punta della lingua. La carta dei vini propone una selezione di vini bianchi, rossi e arancioni di alta qualità, di rinomati produttori nazionali ed esteri.

Hiša Denk je restavracija in penzion v Zgornji Kungoti, med Štajersko vinsko cesto in Mariborjem. Šef Gregor Vračko je dolgo časa iskal nekaj več, zato je krožil po svetu, od koder se je vrnil z zvrhano žlico znanja, intuicije in idej, zato je ustvaril družinsko podjetje. Ponudba sloni na krajevnih naravnih virih in družinski kulinarični tradiciji. Gregor Vračko se rad igra z eksperimenti, sestavlja čudovite jedi in si drzne ustvarjati impresivne kombinacije. Okusi njegovih jedi so prepoznavni, hkrati pa tako mojstrsko prepleteni med seboj, da se enostavno ne spomneš več, katera sestavina je na vrhu jezika. Vinska karta ponuja izbor belih, rdečih in oranžnih vrhunskih vin priznanih domačih in tujih vinarjev.

2020

Das auf einen kleinen Aussichtshügel inmitten von Weingärten gelegene, denkmalgeschützte Renaissance-Schloss Zemono im Vipavatal beherbergt mit dem Gasthaus „Pri Lojzetu“ von Tomaž Kavčič eine der besten kulinarischen Adressen Sloweniens. Sein Kochstil variiert vom Einfachen bis zum Komplexen.

Seine Kreationen bringen die kulinarische Tradition des umliegenden, malerischen Vipavatales zum Ausdruck. Mit reichlich Fantasie und mit großer Sorgfalt werden saisonal-regionale Topprodukte innovativ und liebevoll zu einem ästhetischen Kunstwerk zubereitet. Es entstehen Kreationen mit traditionell-innovativer Note. Slowenische Kochkunst vom Feinsten!

Im Sommer empfiehlt sich der Gastgarten mit prächtiger Terrasse.

Tomaž Kavčič

GOSTILNA PRI LOJZETU

Situato su una piccola collina panoramica nel mezzo di un vigneto nella valle del Vipava, il castello rinascimentale Zemono, sotto la tutela dei beni culturali, ospita uno dei migliori siti gastronomici in Slovenia, con la locanda „Pri Lojzetu“ di Tomaž Kavčič. Il suo stile di cucina varia dal semplice al complesso. Le sue creazioni esprimono la tradizione culinaria della pittoresca Valle del Vipava che lo circonda.

I migliori prodotti stagionali vengono trattati con molta immaginazione e con grande cura e trasformati in vere opera d'arte in modo innovativo e amorevole. Le creazioni hanno sempre una nota tradizionale e una innovativa. La cucina slovena al suo meglio! In estate consigliamo la zona pranzo all'aperto con una magnifica terrazza.

Spomeniško zaščiten renesančni dvorec Zemono v Vipavski dolini, ki stoji na hribčku sredi vinograda, gosti eno najboljših kulinaričnih imen Slovenije, gostilno „Pri Lojzetu“ Tomaža Kavčiča. Njegov kulinarični slog zajema tako preproste kot izbrane jedi. Njegove stvaritve izpričujejo kulinarično tradicijo slikovite Vipavske doline, ki ga obkroža. Skrbno in z veliko domišljije, inovativno in ljubeče preoblikuje najboljše sezonske izdelke v umetniška dela. Njegove stvaritve se rojevajo s pikico tradicije in inovacije. Najboljše, kar ponuja slovenska kuhinja! Poleti priporočamo kosilo na odprtem, na veličastni terasi.

2020

Seine Küche basiert auf Gerichten aus dem Grenzgebiet, wo mediterrane, mitteleuropäische, friulanische und slowenische Esskulturen aufeinandertreffen und verschmelzen. Alessandro misst dem Rohstoff und dem lokalen Territorium größte Bedeutung bei. Er studiert die Tradition, überarbeitet sie und bereichert sie mit neuen Ideen, um die subtilen und raffinierten Aromen dieser wertvollen Kreuzung der Kulturen hervorzuheben.

Alessandro Gavagna

LA SUBIDA

La sua cucina si basa su piatti della zona di confine, dove si incontrano e si fondono culture alimentari mediterranee, mitteleuropee, friulane e slovene. Alessandro attribuisce grande importanza alla materia prima e al territorio. Studia la tradizione, la rivisita e la arricchisce di nuove idee per esaltare i sapori sottili e raffinati di questo prezioso incrocio di culture.

Njegova kuhinja sloni na obmejnih jedeh, kjer se srečujejo in medsebojno prelivajo sredozemske, srednjeevropske, furlanske in slovenske prehranjevalne kulture. Alessandro veliko pozornosti namenja osnovnim sestavinam in lokalnem teritoriju. Preučuje tradicijo, jo preobllikuje in bogati z novimi idejami in tako vrednoti nežne in prefinjene okuse na tem dragocenem stičišču kultur.

2020

Ilija wurde in Kroatien geboren und begann seine kulinarische Reise in den renommiertesten Hotels der Region. 1990 zog er nach Italien, wo er mit großer Leidenschaft daran arbeitete, sein Wissen über die Kochkunst zu vertiefen.
Seine Qualitäten führten ihn dazu, die Welt zu bereisen und an der Seite großer Köche wie John Rocca und Quiqe Dacosta zu arbeiten. Ilijas Küche ist einfach und raffiniert dank dem Experimentieren mit innovativen Techniken, Geschmäckern und Aromen. Im Kontakt mit der Natur findet er Inspiration für seine Gerichte, in denen er seine Liebe zum Kochen vermittelt.

Ilija Pejic†

RISTORANTE ILIJA

Ilija è nato in Croazia e ha iniziato il suo viaggio culinario negli hotel più prestigiosi della regione. Nel 1990 si è trasferito in Italia, dove ha lavorato con grande passione per approfondire la conoscenza dell'arte culinaria. Le sue qualità lo hanno portato a girare il mondo e a lavorare al fianco di grandi chef come John Rocca e Quiqe Dacosta. La cucina di Ilija è semplice ma raffinata, grazie alla sperimentazione di tecniche, gusti e profumi innovativi. Per i suoi piatti trovava ispirazione a contatto con la natura e in essi ha saputo trasmettere il suo amore per la cucina.

Ilija Pejiić se je rodil na Hrvaškem, kjer je začel svojo kulinarično pot v najprestižnejših hotelih. Leta 1990 se je preselil v Italijo, kjer je delal z veliko strastjo, da bi poglobil svoje kulinarično znanje. Njegove odlike so ga odpeljale v svet, kjer je delal ob boku velikih mojstrov, kot so John Rocca in Quiqe Dacosta.
Ilija je znan po tem, da je rad preizkušal različne tehnike, okuse in dišave, zato je njegova kuhinja preprosta in prefinjena. Navdih za svoje jedi je dobival v stiku z naravo in v njih prenesel svojo ljubezen do kuhanja.

2020

Baita Mondschein – ein Geschmack der Dolomiten in Sappada – ist ein von Paolo Kratter geschaffener Ort für 50 Personen, mit einem stimmungsvollen alpinen Ambiente.
Chefkoch Marco da Rin Bettina bringt die authentischsten lokalen kulinarischen Traditionen zum Ausdruck und bietet den Gästen ein echtes kulinarisches Erlebnis. Die besten Beispiele sind: Rindsbackerln mit Polentatalern und Radicchio, Wurstbrät mit Knödel und Sauerkraut oder Lammkronen mit Melanzani. Zum Niederknien sind die Torten.

Marco da Rin Bettina

BAITA MONDSCHEIN

Il ristorante Mondschein – il gusto autentico delle Dolomiti a Sappada è uno spazio per 50 persone con un ambiente dall'atmosfera alpina, creato da Paolo Kratter. Lo chef Marco da Rin Bettina desidera valorizzare le più autentiche tradizioni culinarie locali e offre agli ospiti una vera esperienza gastronomica. I migliori esempi sono: guanciale di manzo con polenta delle valli e radicchio, arrosto di salsiccia con canederli e crauti, o corone di agnello con melanzane. Le sue torte ti mettono in ginocchio.

Restavracija Mondschein – pristni okus Dolomitov v Plodnu (Sappada) je prostor za 50 oseb, ki ga je ustvaril Paolo Kratter, v alpskem slogu. Mojster Marco da Rin Bettina valorizira najbolj pristno lokalno kulinarično tradicijo in ponuja gostom pravo kulinarično izkušnjo. Najboljši primeri so: goveje ličnice s polento in radičem, klobasna pečenka s kruhovimi cmoki in zeljem ali jagnječja krona z jajčevci. Pred tortami pa boste kar pokleknili!

2020

Peter Troißinger führt seit 2018 den elterlichen Betrieb „Malerwinkl“ in Hatzendorf. Wie der Vater, so der Sohn: Peter Troißinger jun. räumt einen Preis nach dem anderen ab. Als Koch hat Peter Troißinger im Gasthof Fink in Riegersburg gelernt und unter anderem bei Obauer in Werfen, beim Steirereck in Wien und im Hotel Massenet in Shanghai Station gemacht.
Den Weg in den Kochtopf finden vornehmlich natürliche, regionale und saisonale Produkte höchster Qualität aus der Region Steirisches Vulkanland.

Peter Troißinger

RESTAURANT + KUNSTHOTEL MALERWINKL

Peter Troißinger gestisce l’attività dei suoi genitori „Malerwinkl“ a Hatzendorf dal 2018. Tale padre, tale figlio: Peter Troißinger il giovane vince un premio dopo l’altro. Ha studiato per diventare chef al Gasthof Fink di Riegersburg e ha fatto tappa all’Obauer a Werfen, allo Steirereck a Vienna e all’Hotel Massenet a Shanghai. Nella pentola trovano posto principalmente prodotti naturali, regionali e stagionali di altissima qualità, provenienti dalla regione della Vulkanland della Stiria.

Peter Troißinger od leta 2018 vodi družinsko dejavnost „Malerwinkl“ v Hatzendorfu. Kakšen oče, takšen sin: Peter Troißinger mlajši osvaja eno nagrado za drugo. Za kuharskega mojstra se je učil v gostilni Gasthof Fink v Riegersburgu, nato pa se je ustavil še v Obauerju v Werfennu, Steirerecku na Dunaju in hotelu Massenet v Šangaju. V njegovem loncu svoj prostor dobijo naravni, lokalni in sezonski izdelki najvišje kakovosti, ki izvirajo iz dežele Vulkanland na Štajerskem.

REZEPTE | *RICETTE* | *RECEPTI*

Peter Troißinger | RESTAURANT + KUNSTHOTEL MALERWINKL

Saftige Kalbsstelze mit Champignons und Artischocken

ZUBEREITUNG:

1. Backofen auf 120 °C Umluft vorheizen. Kalbsstelze mit Salz und Erdnussöl einreiben. Stelze zusammen mit Wasser und 250 ml Geflügelfond in einen Bräter geben und 1 Stunde im Backofen garen.
2. Danach ganze ungeschälte Schalotten zugeben, die Backofen Temperatur auf 160 °C Umluft erhöhen und weitere 2 Stunden braten. Stelze währenddessen öfter mit dem entstehenden Bratensaft übergießen.
3. Inzwischen Champignons und Artischocken zubereiten. Dafür die restlichen 250 ml Geflügelfond mit Speisestärke binden. Dazu Speisestärke mit etwas kaltem Fond anrühren, restlichen Fond erhitzen, aufgelöste Speisestärke einrühren und einmal aufkochen lassen. Champignons entstielen, eingelegte Artischocken abtropfen lassen, dabei etwas vom Öl aufbewahren, und Artischocken halbieren.
4. Champignons auf Kappenseite im Artischockenöl anbraten und salzen. Mit weißem Balsamessig ablöschen, gebundenen Geflügelfond und Artischocken zugeben. Ein paar Butterflocken darauf verteilen, mit geschrotetem schwarzem Pfeffer würzen und ca. 20 Minuten bei 160 °C Umluft neben der Stelze im Backofen garen, dann herausnehmen.
5. Kalbsfond zur fertig gebratenen Stelze geben und im Backofen bei 100 °C Umluft etwa 30–40 Minuten durchziehen lassen. Während der letzten 40 Minuten nach eigenem Belieben mit Kräutern und Gewürzen abschmecken. Champignons und Artischocken die letzten 15 Minuten im Backofen mit aufwärmen.
6. Das Fleisch aus dem Bräter nehmen – es sollte sich leicht vom Knochen lösen lassen – und in Scheiben schneiden. Sauce mit dem Stabmixer passieren. Saftige Kalbsstelze mit Champignons und Artischocken

Was lange schmort, wird mehr als gut. Die Stelze ist der Beweis.

Succulenti stinchi di vitello con funghi champignon e carciofini

PREPARAZIONE:

1. Riscaldare il forno ventilato a 120 °C. Sfregare la carne con il sale e l'olio di arachidi. Metterla in una teglia con l'acqua e 250 ml di fondo di pollo e cuocere in forno per 1 ora.
2. Dopodiché aggiungere gli scalogni interi e non spellati, alzare la temperatura del forno a 160 °C e cuocere per altre 2 ore. Durante la cottura bagnare spesso la carne con il fondo di cottura.
3. Nel frattempo preparare i funghi e i carciofi. Addensare i rimanenti 250 ml di fondo di pollo con l'amido. Fare sciogliere l'amido in poco brodo freddo, scaldare il rimanente brodo, aggiungere l'amido sciolto e portare a ebollizione. Togliere i gambi ai champignon, scolare i carciofini e tenere da parte un po' del loro olio. Tagliare i carciofini a metà.
4. Friggere i champignon sul lato superiore della testa nell'olio dei carciofini. Irrorare di aceto balsamico, aggiungere il brodo addensato e i carciofini. Cospargere con qualche fiocco di burro, condire con pepe nero macinato e cuocere nel forno ventilato a 160 °C accanto alla carne per 20 minuti circa, poi togliere dal forno.
5. Aggiungere il fondo di vitello allo stinco arrosto e lasciarlo riposare nel forno ventilato a 100 °C per 30–40 minuti. 40 minuti prima del termine della cottura condire con le erbe e spezie che preferite. 15 minuti prima del termine della cottura scaldare nel forno i funghi e i carciofini.
6. Togliere la carne dalla teglia – dovrebbe staccarsi facilmente dall'osso – e tagliarla a fettine. Passare il sugo con il mixer a immersione. Ciò che viene stufato a lungo è più che buono. Lo stinco ne è una prova.

Sočne telečje krače s šampinjoni in artičokami

POSTOPEK:

1. Ventilatorsko pečico segrejemo na 120 °C. Meso natremo s soljo in arašidovim oljem ter ga položimo v pekač z vodo in 250 ml piščančje osnove. Pečemo 1 uro.
2. Nato dodamo cele in neolupljene šalotke, zvišamo temperaturo pečice na 160 °C in pečemo še 2 uri. Med pečenjem meso večkrat zalijemo s sokom, ki se je nabral na dnu posode.
3. Medtem pripravimo gobe in artičoke. Preostalih 250 ml piščančje osnove zgostimo s škrobom. Škrob raztopimo v malo mrzle juhe, segrejemo preostanek, dodamo raztopljeni škrob in zavremo. Šampinjonom odstranimo bete, ocedimo artičoke in shranimo nekaj olja. Artičoke razpolovimo.
4. Klobuke šampinjonov ocvremo v olju artičok. Zalijemo z balzamičnim kisom, dodamo zgoščeno juho in artičoke. Zabelimo s koščki masla, dodamo mleti črni poper in pečemo zraven mesa v ventilatorski pečici na 160 °C približno 20 minut, nato vzamemo iz pečice.
5. Pečeni krači dodamo telečjo osnovo in jo pustimo počivati v pečici na 100 °C 30-40 minut. 40 minut pred koncem peke začinimo z zelišči in začimbami po želji. Zadnjih 15 minut v pečici pogrejemo še gobe in artičoke.
6. Meso, ki se bo samo ločilo od kosti vzamemo iz pekača in ga narežemo na kose. Omako pretlačimo s paličnim mešalnikom. Kar se dolgo časa duši, postane več kot dobro. Krača je dokaz.

Zutaten für 4-6 Pers.

- *1 Kalbsstelze/Haxe [Schulterscherzerl/Schaufelstück Vögerl (ausgelöste Kalbsstelze) Beinscheibe]*
- *Salz*
- *50 ml Erdnussöl*
- *250 ml Wasser*
- *500 ml Brauner Gefügelfond*
- *8 Schalotten*
- *10 g Speisestärke*
- *250 g Champignons*
- *1 Glas eingelegte Artischocken in Öl*
- *40 ml weißer Balsamessig*
- *100 g Butter schwarzer Pfeffer*
- *250 ml Brauner Kalbsfond*
- *Kräuter und Gewürze zum Abschmecken*
- *Stabmixer*

INGREDIENTI

Per 4 - 6 porzioni

- *Stinco [spalla/filetto o stinco disossato]*
- *1sale olio di arachidi 50 ml • acqua 250 ml*
- *fondo bruno di pollo 500 ml • 8 scalogni*
- *amido 10 g • funghi champignon 250 g*
- *carciofini sottolio 1 vasetto • aceto balsamico bianco 40 ml • burro 100 g • pepe nero*
- *fondo bruno di vitello 250 ml*
- *erbe e spezie per condire • un mixer ad immersione*

SESTAVINE

Za 4-6 oseb

- *1 krača [pleče/file ali krača brez kosti]*
- *sol • 50 ml arašidovega olja • 250 ml vode*
- *500 ml temne piščančje osnove • 8 šalotk*
- *10 g škroba • 250 g šampinjonov*
- *1 kozarček vloženih artičok*
- *40 ml belega balzamičnega kisa*
- *100 g masla • črni poper*
- *250 ml temne telečje osnove*
- *zelišča in začimbe • palični mešalnik*

Bernd Thaller | RESTAURANT OSCAR

Lauwarm geräucherte Kärntner Beiried mit sautierten heimischen Steinpilzen und Cassis-Hollandaise

ZUBEREITUNG:
Die Beiried mit Kaffeepulver, Paprika, Salz, Pfeffer, Rohrzucker und Kümmel marinieren, kurz scharf anbraten und Bei 65 Grad mit Buchenholz im Smoker ca. 2,5 Stunden räuchern. Danach in Alufolie einwickeln und 25 Minuten rasten lassen.
Für die Hollandaise Eigelb, Estagonsenf, Salz, Pfeffer, Essig in eine Schüssel geben und über Wasserdampf aufschlagen. Nach und nach die flüssige Butter einrühren und weiter schlagen. Sobald die Hollandaise schaumig geschlagen ist das Cassispüree und Sirup beimengen und nochmals kräftig durchschlagen. Die fertige Sauce durch ein feines Sieb streichen und in eine ISI Flasche gießen, mit 2 Patronen auffüllen, durchschütteln und in einen Behälter bei 75 Grad warmstellen.
Die geputzten Steinpilze blättrig schneiden, mit Tafelöl anbraten, durchschwenken und mit Salz und Pfeffer würzen.

ANRICHTEN
Eine Tranche aus der rosa gebratenen Beiried schneiden, mit Maldonsalz bestreuen. Die gebratenen Steinpilze auf einem Teller anrichten, die Beiried darauflegen und einen kräftigen Tupfer „Cassishollandaise" aufspritzen, mit Rosmarin und frischem Kerbel garnieren. Guten Appetit!!!!!!

Lombata di manzo affumicata della Carinzia tiepida con funghi porcini scottati e Salsa olandese al ribes nero

PREPARAZIONE:
Marinare la lombata con caffè, paprika, sale, pepe, zucchero di canna e cumino, friggerla brevemente da tutti i lati a fuoco alto e affumicarla nell'affumicatore a 65 °C circa per 2h e 30'. Poi avvolgerla in foglio di alluminio e lasciarla riposare 25'. Per la salsa olandese versare in una ciotola i tuorli, la senape, sale, pepe e sbatterli al vapore. Poco alla volta aggiungere il burro fuso e continuare a sbattere. Appena la salsa sarà vaporosa, aggiungere la purea e il succo di ribes nero e sbattere nuovamente con forza. Versare la salsa pronta passandola per un colino a maglia fine in un Sifone ISI con due bombolette, agitare bene e tenere al caldo in un contenitore a 75°C. Tagliare a listelli i funghi puliti, friggerli nell'olio, rivoltarli delicatamente e condirli con sale e pepe.

PRESENTAZIONE:
Tagliare un trancio di lombata arrostita a cottura media, cospargerla di sale maldon. Disporre i funghi fritti su di un piatto, sopra appoggiare la lombata e spruzzare con una generosa dose di salsa olandese al ribes nero, decorare con rosmarino e cerfoglio freschi. Buon appetito!

Mlačna prekajena koroška ledvena pečenka s sotiranimi domačimi jurčki in holandsko omako s črnim ribezom

POSTOPEK:
Ledveno pečenko mariniramo s kavo v prahu, papriko, soljo, poprom, trsnim sladkorjem in kumino, jo na hitro ocvremo z vseh strani na močnem ognju in kadimo v prekajevalniku z bukovimi drvmi na 65 °C približno 2 uri in pol. Nato jo zavijemo v alufolijo in pustimo počivati 25 minut. Holandsko omako pripravimo tako, da v skledo damo rumenjake, gorčico, sol, poper in stepamo v vodni kopeli. Postopoma dodajamo stopljeno maslo in še naprej stepamo. Ko je omaka penasta, dodamo ribezov pire in sirup ter ponovno močno stepamo.
Pripravljeno omako prelijemo skozi fino cedilo v ISI stepalnik za smetano z dvema bombicama. Dobro pretresemo in držimo na toplem na 75 °C. Očiščene jurčke narežemo na lističe, ocvremo na olju, nežno obrnemo in začinimo s soljo in porom.

SERVIRANJE:
Odrežemo kos srednjepečene ledvene pečenke in jo posujemo z morsko soljo Maldon. Ocvrte gobe zložimo na krožnik, na njih položimo ledveno pečenko in obilno poškropimo s holandsko omako s črnim ribezom, okrasimo s svežim rožmarinom in krebuljico. Dober tek!

Zutaten

- *Kärntner Beiried 450 g*
- *Steinpilz 300 g*
- *Eigelb 4 St.*
- *Butter flüssig 200 g*
- *Balsamico weiß 2 cl*
- *Estragonsenf 2 Teelöffel*
- *Staubzucker 2 Esslöffel*
- *Cassispüree 100 g*
- *Cassissirup 3 cl*
- *Rindsuppe 50 ml*
- *Tafelöl zum Anbraten*
- *Gewürze*
- *Salz, Pfeffer, Kaffeepulver, Paprikapulver, Kümmel gemahlen, Chinaknoblauch, Rohrzucker, frischer Rosmarin, frischer Kerbel*

INGREDIENTI

- *Lombata di manzo della Carinzia 450 gr*
- *Funghi porcini 300 gr • 4 Tuorli • Burro fuso 200 gr • Aceto balsamico bianco 2 cl*
- *Senape al dragoncello 2 cucchiaini*
- *Zucchero al velo 2 cucchiai • Purea di ribes nero 100 gr • Succo di ribes nero 3 cl*
- *Brodo di manzo 50 ml • Olio per friggere Spezie: Sale, pepe, caffè in polvere, paprika in polvere, cumino macinato, aglio, zucchero di canna, rosmarino fresco, cerfoglio fresco*

SESTAVINE
Za 4-6 oseb

- *450 g koroške ledvene pečenke • 300 g jurčkov*
- *4 rumenjaki • 200 g stopljenega masla*
- *2 cl belega balzamičnega kisa • 2 čajni žlički pehtranove gorčice (estragona)*
- *2 jedilni žlici sladkorja v prahu • 100 g pireja iz črnega ribeza • 3 cl ribezovega sirupa*
- *50 ml goveje juhe • olje za cvrtje Začimbe: sol, poper, kava v prahu, paprika v prahu, mleta kumina, česen, trsni sladkor, svež rožmarin, sveža krebuljica*

REZEPTE | *RICETTE* | *RECEPTI*

Tom Mascher | HOTEL PFLEGER

„Am Heustadel“

Zubereitung Suppe:
Wasser und Heublumen aufkochen und 20 Minuten ziehen lassen. Den Heublumensud durch ein feines Sieb gießen. Butter mit den kleingeschnittenen Schalotten in einem Topf anschwitzen, mit Mehl stauben und mit Weißwein ablöschen. Den Sud hinzufügen, Gewürze beigeben und ca. 15 Minuten kochen lassen, anschließend pürieren und passieren. Sahne hinzufügen und noch einmal aufkochen lassen. Abschmecken.

Zubereitung Ravioli:
Mehl, Grieß und Ei in eine Schüssel geben und zu einem glatten, geschmeidigen Teig kneten. Den Nudelteig in Frischhaltefolie einwickeln und mindestens 1 Stunde im Kühlschrank ruhen lassen. Schalotten und Steinpilze in kleine Würfel schneiden und mit etwas Butter sautieren. Die Kartoffel weichkochen und pressen. Alle Zutaten zusammengeben und mit den Gewürzen abschmecken.Teig dünn ausrollen, ca. 2 mm, mit Ei bestreichen und ausstechen. Die Fülle mit einem Kaffeelöffel mittig platzieren und die Tortellini verschließen. In reichlich gesalzenem Wasser kochen.

Zubereitung Brioche:
„Dampfl“ ansetzen. Restliche Zutaten in einen Rührkessel geben, das „Dampfl“ hinzufügen und so lange kneten, bis ein glatter Teig entsteht. Bei Raumtemperatur zugedeckt ca. 1 h gehen lassen, den Teig dann wieder zusammenschlagen und nochmal aufgehen lassen. Das Backrohr auf 165° vorheizen. Den Teig in drei Teile schneiden und zu Strängen rollen. Nun die Stränge zu einem Zopf formen. Nochmal kurz gehen lassen mit Ei und Milch bestreichen und für ca. 15 Minuten backen.

Zubereitung Ofenzwiebel:
Die Zwiebel am Grill oder im Ofen bei 300° 30 Minuten schmoren. Auskühlen lassen, schälen und Ringe schneiden. Zucker karamellisieren, Zwiebel hinzufügen, mit Portwein ablöschen und Gewürze hinzufügen und reduzierend kochen.

Zubereitung Käseespuma:
Frischkäse, Sauerrahm, Olivenöl, Zitronensaft, Knoblauch und Gewürze in einen Standmixer geben und gut mixen. Anschließend Sahne beimengen und weiter mixen bis die Masse zähflüssig ist. Durch ein feines Sieb passieren und in eine Isi-Flasche füllen. Gut schütteln und mindestens eine halbe Stunde kühlen. Den Zopf in 1,5 cm große Stücke schneiden und mittig am Teller platzieren. Ofenzwiebel darüber geben und mit dem Käseespuma dressieren.

Zutaten für 4 Pers.

Zutaten Suppe:
- *100 g Heublumen aus der Apothek*
- *500 ml Wasser*
- *20 g Butter*
- *5 Schalotten*
- *20 g Mehl*
- *50 ml Grüner Veltliner*
- *Salz, Pfeffer Muskat*
- *500 ml Sahne*

Zutaten Tortellini:
- *80 g Weizenmehl glatt*
- *20 g Nudelgrieß*
- *1 Ei*
- *1 mittelgroßer Steinpilz*
- *2 Schalotten*
- *1 El Topfen*
- *1 kleine Kartoffel mehlig*
- *Salz, Pfeffer, Blattpetersilie, Knoblauch*

Der Knödel: *für 4 Personen*

Zutaten Brioche:
- *150 g Mehl glatt*
- *1 Dotter*
- *1 Ei*
- *6 g Germ*
- *6 g Zucker*
- *52 g Butter*
- *4 g Salz*
- *4 El Milch*

Zutaten Ofenzwiebel:
- *2 Große Zwiebel*
- *1/8 l Portwein*
- *2 El Braunen Zucker*
- *Chilischote*
- *Salz, Pfeffer*

Zutaten Käseespuma:
- *125 g Frischkäse (Ziege oder Sch*
- *62 g Sauerrahm*
- *62 g Sahne*
- *1 El Olivenöl extra Vergin*
- *1 Knoblauchzehe*
- *Zitronensaft*
- *Salz, Pfeffer, Thymian und Rosmarin*

Tom Mascher | HOTEL PFLEGER

„Sul fienile“

PREPARAZIONE:

Brodo: Fare bollire nell'acqua i fiori di fieno e lasciare in infusione per 20 minuti. Filtrare il decotto attraverso un colino a trama fitta. In una pentola rosolare nel burro gli scalogni tritati finemente, spolverare con farina e diluire con un po' d'acqua. Aggiungere il decotto, le spezie e fare cucinare per 15 minuti. Alla fine passarlo, aggiungere la panna e fare bollire un'altra volta. Assaggiare.

Ravioli: Versare la farina, la semola e l'uovo in una ciotola e creare un impasto liscio. Avvolgere in una pellicola l'impasto per la pasta e farlo riposare in frigorifero almeno per un'ora. Tagliare a dadini gli scalogni e i porcini e saltare con un po' di burro. Lessare la patata e schiacciarla. Mescolare tutti gli ingredienti e regolare di spezie. Stendere una sfoglia fine, circa 2 mm, spalmarla con l'uovo e ritagliarla. Con un cucchiaino mettere il ripieno nel centro e creare i tortellini. Cucinarli in acqua salata.

Brioche: Preparare il preimpasto con il lievito. Versare gli altri ingredienti in una ciotola, aggiungere la pasta lievitata e impastare tanto a lungo fino a che non si crea una pasta liscia. Coprire e lasciare lievitare a temperatura ambiente per circa 1 ora. Riscaldare il forno a 165° C. Dividere l'impasto in tre parti, formare dei rotoli e unirli in una treccia. Lasciare lievitare ancora per un po', spennellare con uovo e latte e cuocere al forno per circa 15 minuti.

Cipolle al forno: Cuocere le cipolle alla griglia o al forno a 300° C per 30 minuti. Raffreddare e tagliare ad anelli. Caramellare lo zucchero, aggiungere le cipolle, bagnare con il porto, aggiungere le spezie e cuocere fino a fare ridurre il sugo.

Spuma al Formaggio: Passare al mixer il formaggio, la panna acida, l'olio d'oliva, il succo di limone, l'aglio e le spezie. Alla fine aggiungere la panna e frullare fino a ottenere una crema liscia. Filltrare e riempire una bottiglia ISI. Scuotere bene e fare raffreddare per almeno mezz'ora. Tagliare la treccia in pezzi di 1,5 cm e disporli al centro di un piatto. Coprirli con la cipolla cotta al forno e decorare con la spuma di formaggio.

„Na seniku“

POSTOPEK:

Juha: V vodi zavremo cvetove sena in jih pustimo močiti 20 minut. Prevretek precedimo skozi gosto cedilo. V kozici na maslu prepražimo drobno nasekljane šalotke, dodamo moko in razredčimo z vodo. Dodamo prevretek, začimbe in kuhamo 15 mnut. Na koncu spasiramo, dodamo smetano in še enkrat zavremo. Poskusimo.

Ravioli: V posodo vsujemo moko, zdrob in jajce in naredimo gladko testo. Testo zavijemo v pllastično folijo in pustimo počivati v hladilniku najmanj pol ure. Šalotke in jurčke nasekljamo in jih ocvremo na maslu. Krompir skuhamo in pretlačimo. Zmešamo vse sestavine in začinimo. Testo na tenko razvaljamo na približno 2 mm, premažemo z jacem in razrežemo. Z žlico nadevamo in oblikujemo torteline. Kuhamo v slanem kropu.

Rogljiček: Pripravimo kvašeno testo. Ostale sestavine vsujemo v posodo, dodamo kvašeno testo in mesimo, dokler ne dobimo gladko zmes. Pokrijemo in pustimo vstajati na sobni temperaturi približno 1 uro. Pečico segrejemo na 165 °C. Testo razdelimo na tri dele in oblikujemo zvitke, ki jiih bomo prepletli. Pustimo še malo vzhajati, premažemo z jajcem in mlekom ter pečemo v pečici priblližno 15 minut.

Pečene čebule: Čebule spečemo na žaru ali v pečici na 300 °C 30 minut. Ohladimo in zrežemo na obročke. Sladkor karameliziramo, dodamo čebule, zalijemo s portom, dodamo začimbe in kuhamo dokler omaka ne povre.

Sirova pena: V mešalniku zmešamo sirni namaz, kislo smetano, oljčno olje, limonin sok, česen in začimbe. Na koncu dodamo smetano iin mešamo dokler ne dobimo gladko kremo. Precedimo in napolnimo ISI stepalnik. Dobro pretresemo in pustimo, da se ohladi vsaj pol ure. Kito zrežemo na kose velikosti 1,5 cm in jih razporedimo na krožnik. Pokrijemo jih s pečeno čebulo in okrasimo s sirovo peno.

INGREDIENTI per 4 Pers

Per il brodo:
- *Fiori di fieno da acquistare in farmacia 100 gr*
- *Acqua 500 ml • Burro 20 gr • 5 scalogni*
- *Farina 20 gr • Vino Grüner Veltliner 50 ml*
- *Sale, pepe, noce moscata • Panna 500 ml*

Per i tortellini:
- *Farina di grano tenero 80 gr • Semola di grano duro 20 gr • 1 Uovo • 1 porcino di media grandezza • Ricotta 1 cucchiaio • 1 Piccola patata farinosa • Sale, pepe, prezzemolo, aglio*

Gli gnocchi: *Per 4 persone*

Per la Brioche:
- *Farina di grano tenero 150 gr • 1 tuorlo*
- *1 uovo • Lievito 6 gr • Zucchero 6 gr*
- *Burro 52 gr • Sale 4 gr • Latte 4 cucchiai*

Per le cipolle al forno:
- *2 cipolle grandi • Porto 1/8 l • Zucchero di canna • 2 cucchiai, peperoncino, sale, pepe*

Spuma al formaggio:
- *Formaggio spalmabile (di capra o pecora) 125 gr*
- *Panna acida (Creme fraiche) 62 gr • Panna 62 gr*
- *Olio extravergine di oliva 1 cucchiaio*
- *1spicchio di aglio, succo di limone sale, pepe, timo e rosmarino*

SESTAVINE Za 4 osebe

Za juho:
- *100 g cvetov sena, ki se kupiijo v lekarni*
- *500 ml vode • 20 g masla • 5 šalotk*
- *20 g moke • 50 ml vina Grüner Veltliner*
- *sol, poper, muškatni orešček*
- *500 ml smetane*

Za torteline:
- *80 g gladke moke • 20 g pšeničnega zdroba*
- *1 jajce • 1 srednje velik jurček*
- *1 žlica albuminske skute • 1 majhen mokast krompir • sol, poper, peteršilj, česen*

Njoki: *Za 4 osebe*

Za rogljičke:
- *150 gr gladke moke • 1 rumenjak • 1 jajce*
- *6 g kvasa • 6 g sladkorja • 52 g masla*
- *4 g soli • 4 žlice mleka*

Za pečene čebule:
- *2 veliki čebuli • 1/8 l Porta • 2 žlici trsnega sladkorja, rdeči feferon, sol, poper*

Sirova pena:
- *125 g sirnega namaza (kozjega ali ovčjega)*
- *62 g kisle smetane • 62 g smetane*
- *1 žlica ekstradeviškega oljčnega olja*
- *1 strok česna, limonin sok, sol, poper, rožmarin in timijan*

REZEPTE | *RICETTE* | *RECEPTI*

Ana Roš | HIŠA FRANKO

Pellkartoffeln mit Topfen

ZUBEREITUNG:

Frische Kräuter in einem Mixer fein mahlen. Das Kräuterpulver in einer Metallschüssel mit einem Mixer mit Salz und Eiklar verrühren. Das Eiklar muss nicht schaumig geschlagen werden. Die Kartoffeln mit der Masse umhüllen und 20–25 Minuten bei 180 °C im Backrohr garen. Die Schokolade in einer Bain-Marie schmelzen, dann die Schüssel mit einem Teigschaber darin komplett mit Alufolie umhüllen. Auf jeder Seite ein kleines Loch hineinstechen und die Räucherpistole in eines davon stecken. Unter ständigem Rühren die Schokolade dreimal räuchern, um einen möglichst rauchigen Geschmack zu erhalten.

Zucker in Wasser auflösen, auf 116 °C erhitzen und dann auf 80 °C abkühlen lassen. Sobald der Zuckersirup 80 °C erreicht hat, die Räucherschokolade in die Rührschüssel geben und auf höchster Stufe schaumig schlagen. Den Zuckersirup dabei langsam unterrühren. Im Schnellkühler schockkühlen, dann etwa 2–5 Sekunden im Thermomix durchrühren. Sobald die Masse hart wie Erde ist, wieder in den Schnellkühler geben und erneut sehr stark räuchern. Obers und Käse in den Thermomix geben und 5 Minuten auf Geschwindigkeitsstufe 4 bei 70 °C und danach noch einmal 2 Min. auf maximaler Geschwindigkeit verrühren. Mascarpone und Salz dazugeben und 30 Sekunden auf Geschwindigkeitsstufe 5 rühren. Nun abseihen und abkühlen lassen.

Kartoffeln waschen und schälen, die Kartoffelschalen in einen Topf geben. Drei geschälte Kartoffeln in Würfel schneiden und ebenfalls in den Topf geben. Mit 2 l Wasser zum Kochen bringen und köcheln lassen, bis nur noch 200 ml Wasser übrig sind. Das Wasser abseihen, dann Kamille und Salz dazugeben und auf Raumtemperatur abkühlen und ziehen lassen. Erneut das Wasser abseihen, abschmecken und die Konsistenz prüfen. Evtl. etwas GelEspessa dazugeben, wenn es zu flüssig sein sollte. (Falls GelEspessa hinzugefügt wird, mindestens 1 Stunde vor dem Servieren, da erst nach einiger Zeit Schaum aufsteigt, der dann entfernt werden kann.) Kamillenblüten für 2 Stunden bei 41 °C in den Dehydrator geben, dann herausnehmen und mit einer Gewürzmühle zu einem feinen Pulver mahlen. Durch ein feines Sieb geben und zum Servieren bereithalten.

SERVIEREN:

10 g Räucherschokolade auf den Teller geben, dann rundherum etwa 20 g Hüttenkäse verteilen, etwas Kamillenpulver dazugeben und mit der Kartoffel-Kamille-Creme abrunden. Die Salzkruste brechen und die Kartoffeln herausnehmen. Etwas von der Salzkruste zum Würzen verwenden. Die Kartoffeln zerstoßen, Kartoffelcreme und Totentrompeten darüber geben. Mit Trüffeln und Lammsauce verfeinern.

Zutaten

Kartoffeln:
- *1 kg Steinsalz*
- *600 g Eiklar*
- *750 g (in Pulver gemahlene)*
- *Kräuter*

Räucherschokolade
- *600 g Bitterschokolade 72 %*
- *40 g Meersalz*
- *600 g Zucker*
- *300 ml Wasser*

Hüttenkäse
- *850 g Obers*
- *700 g fermentierter Hüttenkäse*
- *100 g Mascarpone*
- *5 g Salz*

Kartoffel-Kamille-Creme
- *10 große Kartoffeln*
- *2 l Wasser*
- *5 g Kamille*
- *3 g Salz*

Kamillenpulver
- *20 g frische Kamille*

Ana Roš | HIŠA FRANKO

Čompe con la ricotta

PREPARAZIONE:
Macinare il fieno fresco in un mixer fino a ridurlo in polvere. In una ciotola di acciaio mescolare con una frusta la polvere con il sale e l'albume. Non c'è bisogno di montare gli albumi a neve. Coprire le patate con il composto e cuocerle al forno a 180 °C per 20-25 minuti. Con coprire le patate con il composto, intendiamo creare come un grande uovo con la crosta di sale.

Sciogliere il cioccolato a bagnomaria. Avvolgere completamente la bacinella con la plastica, con una spatola al suo interno. Fare un piccolo foro su ogni lato e in un foro introdurre il bocchettone per affumicare. Affumicare abbondantemente per tre volte mescolando di continuo il cioccolato affinché prenda il più possible l'aroma dell'affumicatura.
Sciogliere lo zucchero nell'acqua, portarlo a 116°C e farlo raffredare fino a 80°C. Quando lo sciroppo di zucchero è a 80°C, versare il cioccolato affumicato nel mixer e frullare a velocità massima aggiungendo gradualmente lo sciroppo di zucchero.
Fare raffredare rapidamente nell'abbattitore, poi frullare nel Bimby a velocità massima per 2-5 secondi. Quando è frullato al punto da assomigliare alla terra, rimettere nell'abbatitore e affumicare abbondantemente un'altra volta.
Mettere la ricotta e la panna nel Bimby e frullare a velocità 4 per 5 minuti a 70°C, poi alla velocità massima per altri 2 minuti. Aggiungere il mascarpone e il sale e frullare altri 30 secondi a velocità 5. Filtrare e fare raffreddare.

Lavare e pelare le patate, mettere le bucce in una pentola e aggiungere tre patate pelate tagliate a dadini. Coprire con 2 l di acqua e fare cuocere a fuoco lento finché non si riduce a 200 ml. Filtrare il liquido, aggiungere la camomilla e il sale, fare raffreddare a temperatura ambiente, lasciando in infusione la camomilla. Filtrare nuovamente il liquido, aggiustare di sale e correggere la densità, aggiungendo un po' di gelespressa se è troppo liquido. (Se aggiungete la gelespressa fatelo almeno 1 ora prima di servire, in quanto serve del tempo perché la schiuma da rimuovere venga alla superficie)

PRESENTAZIONE
Mettere sul fondo del piatto 10 gr di cioccolato affumicato, spruzzare intorno 20 gr di ricotta affumicata, cospargere con un po' di polvere di camomilla e aggiungere l'acqua di patate. Rompere la crosta di sale e togliere la patata. Tritare una parte della crosta di sale per condire. Schiacciare la patata, coprirla di crema di patate e funghi trombette dei morti. Concludere con tartufi e sugo di agnello.

INGREDIENTI

Per le patate:
- *sale grosso 1 kg* • *albumi 600 gr*
- *fieno 750 gr*

Per il cioccolato affumicato:
- *cioccolato fondente 72% 600 gr*
- *sale maldon 40 gr*
- *zucchero 600 gr*
- *acqua 300 gr*

Per la ricotta affumicata:
- *panna 850 gr*
- *ricotta fermentata 700 gr*
- *mascarpone 100 gr*
- *sale 5 gr*

Per l'acqua di patate:
- *10 Patate grandi*
- *Acqua 2 l*
- *Camomilla 5 gr*
- *Sale 3 gr*

Per la polvere di camomilla:
- *camomilla fresca 20 gr*

Čompe s skuto

POSTOPEK: V mešalniku miksamo sveže seno, dokler ne postane prah. V kovinski skledi z metlico zmešamo prah s soljo in beljaki. Beljakov ni potrebno stepsti v sneg. S to mešanico pokrijemo krompir, da nastane nekakšno veliko jajce s slano skorjo in pečemo na 180 °C 20-25 minut.

Čokolado razstopimo v vodni kopeli, skledo povsem ovijemo v plastiko in pustimo lopatico notri. Na vsaki strani naredimo luknjico in v eno vtaknemo šobo za dimljenje. Trikrat močno prekadimo, pri tem pa mešamo čokolado, da se čimbolj navzame prekajene arome.
Sladkor razstopimo v vodi, segrevamo do 116 °C nato pustimo, da se ohladi na 80 °C. Ko se sirup ohladi na 80 °C prelijemo prekajeno čokolado s soljo v mešalnik in stepamo na najvišji hitrosti, medtem pa počasi dolivamo sirup.
V hitrem ohlajevalniku na hitro ohladimo, nato pa v Thermomixu mešamo 2-5 sekund na najvišji hitrosti. Ko je mešanica podobna prsti, jo ponovno postavimo v hitri ohlajevalnik in jo še enkrat močno prekadimo.
Smetano in skuto zlijemo v Thermomix in mešamo na četrti hitrosti 5 minut na 70 °C, nato pa na najvišji hitrosti še 2 minuti. Dodamo maskarpone in sol ter mešamo še 30 sekund na peti hitrosti. Precedimo in ohladimo.
Cvetove kamilice postavimo v sušilnik za 2 uri na 41 °C. Odstranimo in jih z mlinčkom za začimbe zmeljemo v fin prah. Presejemo in shranimo do serviranja.

Krompir operemo in olupimo. Olupke stresemo v lonec, tri oljupljene krompirje narežemo na kocke in jih prav tako stresemo v lonec. Pokrijemo z 2 litri vode in kuhamo na šibkem ognju, dokler ne povre na 200 ml. Tekočino precedimo, dodamo kamilice in sol ter ohladimo na sobno temperaturo in pustimo, da se sestavine prepojijo. Tekočino ponovno precedimo, po potrebi še dodatno začinimo ter zgostimo z gelespesso / ksantan gumijem, če je zmes preveč tekoča (če dodajamo ksantan gumi /gelespesso, moramo to narediti vsaj eno uro pred serviranjem, saj pena, ki jo odstranimo, potrebuje nekaj časa, da se dvigne).

SERVIRANJE:
Na krožnik položimo 10 g dimljene čokolade, nato nabrizgamo 20 g fermentirane skute, po vrhu potresemo kamilični prah in dodamo krompirjevo vodo. Slano skorjo razbijemo in iz nje vzmemo krompir. Del slane skorje zmiksamo in uporabimo kot začimbo. Krompir potlačimo, okrasimo s krompirjevo kremo in črnimi trobentami. Na koncu dodamo še tartufe in jagnječjo omako.

SESTAVINE

Za krompir:
- *1 kg kamene soli*
- *600 g beljakov*
- *750 g sena (posušenega in zmletega v prah)*

Za prekajeno čokolado:
- *600 g temne čokolade 72 %*
- *40 g morske soli Maldon*
- *600 g sladkorja*
- *300 g vode*

Za fermentirano skuto:
- *850 g smetane*
- *700 g fermentirane skute*
- *100 g maskarponeja*
- *5 g soli*

Za krompirjevo vodo:
- *10 velikih krompirjev*
- *2 l vode*
- *5 g kamiličnega praha*
- *3 g soli*
  gelespessa / ksantan gumi po želji

Za kamilični prah:
- *20 g svežih cvetov kamilice*

Emanuele Scarello | AGLI AMICI DAL 1887

Garnelen mit Milch, Kren und Polentachreme

ZUBEREITUNG:
Für die Polentacreme: Wasser mit Salz darin zum Kochen bringen, das Maismehl dazugeben und nur 2 Minuten kochen lassen. Sofort mit Frischhaltefolie verschließen, damit die Oberfläche nicht austrocknet. Nach dem Abkühlen in einen Spritzbeutel mit einer Tülle von 6 mm füllen und damit kleine Kugeln auf eine Backmatte aufbringen. Danach in einem Trockenofen 50 Minuten bei 150 °C erhitzen, bis die Feuchtigkeit vollständig hinausgezogen ist. In einem luftdicht verschließbaren Behälter aufbewahren. Die Garnelen säubern und bei hoher Temperatur von allen Seiten anbraten, bis sie zur Hälfte gegart sind. Die Garnelen im Eisbad abkühlen. Nun die Garnelen zerkleinern und sie mit Öl, Salz und Pfeffer würzen. Den Kren schälen, kleinhacken und gemeinsam mit dem Obers erhitzen. Abseihen, Milch dazugeben und unter Zugabe von Salz erneut erhitzen.

SERVIEREN:
Das Garnelentatar mit etwas Polentacreme, der Krensauce und ein paar Spritzern nativem Olivenöl extra in die Mitte des Tellers geben. Mit Dill- und Kerbelblättern sowie etwas Milchschaum abrunden.

Abseits von Vitello Tonnato:
VITELLO AL ROSA, MIT SARDELLEN UND EI

Das Bindegewebe der Filets entfernen und mit Salz und Thymian würzen. Luftdicht verschließen und im Dampfgarer bei 55 °C zwei Stunden garen, dann im Eisbad abkühlen. Die Filets 20 Minuten vor dem Servieren in das auf 70 °C erhitzte Butterschmalz geben. Butter und Sardellenpaste in einer Küchenmaschine verrühren, bis ein glatter und gleichmäßiger Teig entsteht. Nun die Semmelbrösel hinzufügen und kleine Laibchen formen, diese ein paar Stunden im Kühlschrank lagern. Mit einem grobmaschigen Küchensieb die Laibchen zu einer bröseligen Panade aufraspeln. Für weitere 10 Minuten im Kühlschrank ruhen lassen und anschließend 10 Minuten bei 160 °C backen. Die Eier 40 Minuten bei 65 °C mit Dampf garen. Nun die Mayonnaise auf klassische Weise zubereiten. Die Kapern einige Stunden in ausreichend Wasser entsalzen, dann abseihen und sie auf einem Trockner ausgebreitet 8 Stunden bei 50 °C trocknen. Die violetten und orangen Karotten sowie die Erbsen zum Kochen bringen. Sobald sie ausreichend gekocht sind, alle drei Sorten separat verrühren, um drei verschiedene Cremes zu erhalten. Die Kartoffeln in Streifen schneiden und diese mit der Crème fraîche und Salz in einer Pfanne anbraten. Gut durchrühren.

SERVIEREN:
Die drei Cremes auf dem Teller arrangieren und einen kleinen Löffel Mayonnaise in die Mitte geben. Filets in der Sardellenpanade wenden, eine Scheibe davon abschneiden und nach Belieben mit Mayonnaise und ein paar knusprigen Kapern servieren.

Zutaten

Für das Tatar:
- *350 g Garnelen*
- *4 g Salz*
- *Pfeffer*
- *Natives Olivenöl extra*

Für die Krensauce:
- *500 g Obers*
- *300 g Milch*
- *2 Krenwurzeln*

Für die Polentacreme:
- *100 g Maismehl*
- *500 g Wasser*
- *4 g Salz*
- *Musetto: eine Scheibe des Garnelentatars*

Abseits von Vitello Tonnato:
VITELLO AL ROSA, MIT SARDELLEN UND EI

Für das Kalbfleisch:
- *1,5 kg Kalbfleischfilet*
- *Frischer Thymian nach Belieben*
- *Salz nach Belieben*
- *1 kg Butterschmalz*

Für die Sardellenpanade:
- *200 g Semmelbrösel*
- *100 g Sardellenpaste*
- *50 g Butter*

Für die Mayonnaise:
- *5 Eier*
- *40 g Zitronensaft*
- *40 g Senf*
- *7 g Salz*
- *900 g Erdnussöl*
- *100 g natives Olivenöl extra*

Für die Garnitur
- *100 g entsalzte Kapern*
- *100 g orange Karotten*
- *100 g violette Karotten*
- *100 g Kartoffeln*
- *50 g Crème fraîche*
- *100 g tiefgefrorene Erbsen*

Emanuele Scarello | AGLI AMICI DAL 1887

MAZZANCOLLE CON LATTE, CREN E MERINGHE DI POLENTA

PREPARAZIONE: Per le meringhe: far bollire acqua e sale, aggiungere la farina di mais e cuocere per soli 2 minuti. Coprire immediatamente con una pellicola a contatto affinché la superficie non si secchi. Quando il composto sarà raffreddato metterlo all'interno di una sac à poche con bocchetta del 6 e formare delle piccole palline sopra un silpat. Quindi cuocere in forno secco a 150°C per 50 minuti fino a completa essicazione. Conservare in scatola ermetica.
Pulire le mazzancolle e scottarle da tutti i lati a fiamma viva, lasciandole per metà crude. Raffreddarle in acqua e ghiaccio. Tritare le mazzancolle e condirle con olio, sale, pepe. Pelare il kren, grattugiarlo finemente e farlo bollire insieme alla panna. Filtrare, aggiungere il latte e riportare a bollore aggiustando di sale.

PRESENTAZIONE: Al centro del piatto posizionare la tartare di mazzancolle, alcune meringhe di polenta, la salsa di cren e alcune gocce d'olio extravergine d'oliva. Completare con germogli di aneto, cerfoglio e schiuma di latte.

Oltre il vitello tonnato: VITELLO AL ROSA, ALICI e UOVO

PREPARAZIONE: Pulire il filetto dal tessuto connettivo, legarlo e condirlo con sale e timo. Mettere sottovuoto e cuocere in forno a vapore per 2 ore a 55°C, raffreddare in acqua e ghiaccio. Porzionare il filetto e immergerlo nel burro riscaldato a 70°C per almeno 20 minuti prima di servirlo. In una planetaria mescolare burro e pasta d'acciughe fino ad ottenere un composto liscio e omogeneo. Aggiungere quindi il pane grattato, formare dei panetti, farli riposare in frigo per un paio d'ore. Con un setaccio a maglie larghe ricavare una polvere di questo composto. Lasciare riposare ancora per 10 minuti in frigorifero e poi cuocere a 160°C per 10 minuti. Cucinare le uova a vapore a 65°C per 40 minuti. Procedere nella classica realizzazione della maionese. Lasciare i capperi in abbondante acqua per un paio d'ore per liberarli dal sale, quindi scolarli e stenderli su di un essicatore e lasciarli essicare a 50°C per 8/10 ore. Far bollire in acqua le carote viola, le carote arancioni e i piselli. Quando sono ben cotti frullare separatamente ottenendo 3 creme lisce. Tagliare le patate a lamelle e portare a cottura in un tegame con la panna e il sale. Frullare.

PRESENTAZIONE: Disporre le tre salse sul piatto e aggiungere una cucchiaiata di maionese al centro. Far aderire la polvere di alici al filetto, tagliarne una fetta e adagiarla sulla maionese, infine guarnire con qualche cappero croccante.

KRALJEVE KOZICE Z MLEKOM, HRENOM IN MERINGAMI IZ KORUZNEGA ZDROBA

PRIPRAVA:
Meringe: zavrejemo vodo s soljo, dodamo koruzno moko in kuhamo samo 2 minuti. Takoj pokrijemo s folijo, da se ne naredi skorjica. Ko se zmes ohladi, jo vlijemo v dresirno vrečko z nastavkom 6 in oblikujemo kroglice na silikonski podlagi za pečenje. Pečemo 50 minut v statični pečici na 150 °C, dokler se popolnoma ne posušijo. Do uporabe hranimo v hermetično zaprti škatli.
Kraljeve kozice očistimo in jih samo z ene strani na hitro popečemo na močnem ognju. Ohladimo jih v vodi z ledom. Kozice nasekljamo in jih začinimo z oljem, soljo in poprom. Hren olupimo, ga na drobno nastrgamo in zavrejemo skupaj s smetano. Precedimo, dodamo mleko in zavremo, po potrebi dodamo še soli.

SERVIRANJE: Na sredo krožnika položimo tatar iz kraljevih kozic, nekaj mering iz koruznega zdroba, hrenovo omako in nekaj kapljic ekstradeviškega oljčnega olja. Zaključimo z vršički kopra, krebuljico in mlečno peno.

Več kot teletina v tunini omaki: ROŽNATA TELETINA, INČUNI IN JAJCE

PRIPRAVA: File očistimo tetiv, zvežemo in začinimo s soljo in timijanom. File vakumiramo in pečemo v parni pečici 2 uri na 55 °C, nato ohladimo vodi in ledu. Meso razrežemo na kose in potopimo v pogreto maslo na 70 °C vsaj 20 minut pred serviranjem. V multipraktiku zmešamo maslo in inčunovo pasto dokler ne dobimo gladke iin homogene zmesi. Nato dodamo drobtine, oblikujemo hlebce in jih pustimo počivati v hladilniku nekaj ur. S pomočjo sita iz te zmesi naredimo prah. Pustimo počivati v hladilniku še 10 minut in potem pečemo 10 minut na 160 °C. Jajca kuhamo na pari 40 minut na 65 °C. Nadaljujemo s klasično pripravo majoneze. Kapere pustimo v vodi nekaj ur, da spustijo sol, potem jih ocedimo in postavimo v sušilnik in sušimo 8/10 ur na 50 °C ur. Skuhamo vijoličasto in oranžno korenje ter grah. Ko so dobro skuhani, pretlačimo vsako zelenjavo posebej, da dobimo tri gladke kreme. Krompir narežemo na lističe in skuhamo v ponvi s smetano in soljo. Pretlačimo.

SERVIRANJE: Na krožniku razporedimo vse tri omake, na sredo damo žlico majoneze. Z inčunovim prahom posujemo file,odrežemo kos in ga postavimo na majonezo, na koncu okrasimo s hrustljavim kaperi.

INGREDIENTI

Per la tartare:
- *mazzancolle 350 gr • sale 4 gr • pepe Olio extravergine d'oliva*

Per la salsa al kren
- *Panna 500 gr • Latte 300 gr*
- *2 radici di kren*

Per le meringhe di polenta
- *farina di mais 100 gr • acqua 500 gr*
- *sale 4 gr • Musetto: una fettina alla base della tartare di mazzancolle.*

Oltre il vitello tonnato: VITELLO AL ROSA, ALICI e UOVO

Per il vitello:
- *filetto di vitello 1,5 kg• timo fresco q.b. sale q.b. • burro chiarificato 1 kg*

Per la panure di acciughe:
- *pane grattugiato 200 gr*
- *pasta d'acciughe 100 gr • burro 50 gr*

Per la maionese:
- *5 uova • succo di limone 40 gr*
- *senape 40 gr • sale 7 gr • olio di semi d'arachide 900 gr • olio evo 100 gr*

Per guarnire:
- *capperi dissalati 100 gr • carote arancione 100 gr • carota viola 100 gr • patate 100 gr*
- *panna fresca 50 gr • piselli gelo 100 gr*

SESTAVINE

Za tatar:
- *350 g kraljevih kozic • 4 g soli • poper*
- *ekstradeviško oljčno olje*

Za hrenovo omako:
- *500 g smetane • 300 g mleka*
- *2 korenini hrena*
- *Za meringe iz koruznega zdroba:*
- *100 g koruzne moke • 500 g vode • 4 g soli*
- *Klobasa kožarica: po eno rezino pod vsakim tatarjem*

ROŽNATA TELETINA, INČUNI IN JAJCE

TELETINA:
- *1,5 kg telečjega fileja • sveži timijan po želji • sol po želji • 1 kg prečiščenega masla*

PANIRANI INČUNI:
- *200 g drobtin • 100 g inčunove paste*
- *50 g masla*

MAJONEZA:
- *5 jajc • 40 g limoninega soka • 40 g gorčice*
- *7 g soli • 900 g arašidovega olja*
- *100 g ekstradeviškega oljčnega olja*

OKRASITEV:
- *100 g razsoljenih kaper • 100 g oranžnega korenja • 100 g vijoličnega korenja*
- *100 g krompirja • 50 g sveže smetane*
- *100 g zmrznjenega graha*

Luka Košir | BRUNARICA GRIČ

Rotwild mit Kürbis und Fichtennadeln

ZUBEREITUNG:
Für das Fichtenpulver das Backrohr auf 200 °C erhitzen. Die Fichtennadeln auf ein niedriges Tablett legen und so lange im Backrohr backen, bis sie ganz schwarz werden. Die abgekühlten Nadeln zu einem feinen Pulver mahlen, durchsieben und trocken lagern. Zur Zubereitung des Fichtenöls die frischen Nadeln in einem Standmixer mahlen und dabei Oliven- und Rapsöl dazugeben. Die Masse mindestens einen Tag lang einweichen lassen und dann durch ein Käsetuch sieben. Bis zu drei Monate lang kühl lagern.
Feuer aus Buchenholzscheiten entfachen und den Hokkaidokürbis auf einem Rost direkt über dem Feuer platzieren. Den Kürbis so lange schmoren, bis die Schale schwarz wird, dann in Alufolie wickeln und mindestens 30 Minuten ruhen lassen. Den Kürbis danach vorsichtig schälen und darauf achten, dass die verbrannte Schale vollständig entfernt wird. Nun den geschälten Kürbis halbieren, das Gehäuse entfernen, in Stücke schneiden und bis zum Servieren kühl lagern.
Zur Zubereitung der Kürbisglasur den Topf erhitzen, Wasser sowie Apfelessig, schwarzen Knoblauch, Honig, Tamarisauce und die feingeschnittenen Ribiselzweige mitsamt den Blättern hineingeben. Die flüssige Masse bei niedriger Temperatur bis auf die Hälfte reduzieren, abseihen und die grob gehackten Erdbeeren dazugeben. Danach gut durchmischen und abkühlen lassen. Die Glasur muss mindestens einen Tag im Voraus zubereitet werden, damit die Erdbeeren in der Glasur rehydrieren können.
Die Kürbisstücke mit Butter bestreichen und sie über der heißen Glut schmoren, dabei auf die Höhe des Rosts achten, damit die Temperatur nicht zu hoch ist. Sobald die Stücke gut geschmort sind, mit der Glasur bestreichen, dabei darauf achten, dass möglichst viel daran haften bleibt. So lange schmoren, bis die Kürbisstücke und die Erdbeeren karamellisieren, aber nicht verbrennen. Warm lagern und sobald wie möglich servieren.
Für die Zubereitung des Rotwilds muss das Fleisch mindestens 1 Stunde im Voraus auf Zimmertemperatur gebracht werden. Eine gusseiserne Pfanne auf dem Herd stark erhitzen. Das Fleisch 5 Minuten vor dem Backvorgang mit Butter bestreichen. Das Fleisch in die trockene Pfanne legen und es im Uhrzeigersinn so lange darin drehen, bis es gut angebraten ist, danach das Stück wenden und den Vorgang wiederholen. Es darf kaum Rauch aus der Pfanne aufsteigen. Das Fleisch nach dem Anbraten auf den Rost legen und bei ca. 68 °C für 15–17 Minuten garen. Das Fleisch nicht abdecken, um den Bratvorgang nicht zu beeinträchtigen. Inzwischen die Pfanne säubern, erneut erhitzen und das Fleisch mit etwa 1 cm (je nach Pfannengröße) zerlassener Butter hineingeben. Wenn die Butter zu schäumen und gut zu riechen beginnt, das Fleisch wenden und eine gehackte Knoblauchzehe und Thymian hinzufügen. Während des Bratens das Fleisch mit Butter begießen. Sobald die Butter braun wird, das Fleisch auf einem Brett zum Servieren anrichten. Die Butter in eine Schüssel geben, damit sie nicht anbrennt. Das Fleisch in Portionen schneiden und vor dem Anrichten auf dem Teller mit dem Fichtenpulver bestreuen.

SERVIEREN:
Das Fleisch auf den Teller legen, mit der Bratbutter beträufeln, ein Stück Kürbis danebenlegen, dazu einen Löffel Fichtenöl geben und mit rotem Glücksklee abrunden.

Kolostrum und „Dulche de leche“

Ziegenkolostrum, Eidotter, Salz und Zucker in einer Schüssel verrühren. So lange rühren, bis die Zutaten einen glatten Teig bilden. Den Teig danach in kleine Backformen gießen. Die Formen luftdicht mit Alufolie oder Deckel verschließen und für 50 Minuten dämpfen. Danach die Formen vollständig abkühlen lassen.

„Dulce de leche“
Zunächst Aufkleber von der Dose entfernen. Die Dose dann in einen Kochtopf geben und so viel Wasser hineingießen, dass die Dose von mindestens 1 cm Wasser bedeckt wird. Nun das Wasser mit der Dose darin zum Kochen bringen. Sobald das Wasser kocht die Temperatur verringern, auf konstantem Niveau halten und 2–3 Stunden kochen, dabei auf den Wasserstand achten und, falls notwendig, Wasser dazugeben. Nach dem Kochen warten, bis die Dose vollständig abgekühlt ist, dann den Inhalt in die Schüssel geben und umrühren, bis eine cremige Karamellmasse entsteht.

SERVIEREN:
Das Kolostrum aus den Formen auf den Teller leeren und die Spitze mit Karamellcreme verzieren. Als Erfrischung kann evtl. Pfefferminze hinzugefügt werden.

Zutaten für 5 Pers.

HIRSCH
- *500 g Karree vom jungen Hirschen* *(von Sehnen und Häuten befreit)*
- *ca. 200 g Butter*
- *1 Knoblauchzehe*
- *2 Thymianzweige*
- *Ein Strauß roter Glücksklee (Oxalis triangularis)*

FICHTENPULVER
- *200 g Fichtennadeln (Picea)*

FICHTENÖL
- *100 g Fichtennadeln (Picea)*
- *50 g natives Olivenöl extra*
- *50 g Rapsöl*

KÜRBIS
- *1 kleiner Hokkaidokürbis*
- *30 g trockene Walderdbeeren*
- *10 g Lindenhonig*
- *100 ml Wasser*
- *30 g schwarze Knoblauchpaste*
- *50 ml Apfelessig*
- *100 ml Buchweizen-Tamarisa*
- *2 Zweige von schwarzer Ribise mitsamt Blättern*

Kolostrum und „Dulche de leche
- *100 g Kolostrum vom Esel bzw von der Ziege • 100 g Kochober*
- *2 große Eidotter • 30 g brauner Zucker • 1 Prise Salz*

„Dulce de leche“
- *1 Dose Kondensmilch*

Luka Košir | BRUNARICA GRIČ

Cervo con zucca e aghi di abete

PREPARAZIONE:
Per la cenere di abete scaldare il forno a 200°C. Versare gli aghi di abete in una teglia bassa e cucerli fino a che non diventano completamente neri. Ridurre gli aghi raffreddati in polvere fine, passarla al setaccio e conservarla all'asciutto.
L'olio di abete si prepara frullando con un mixer a immersione gli aghi freschi, aggiungendo gradualmente l'olio d'oliva e l'olio di colza. Il composto deve rimanere al macero almeno un giorno, poi filtrarlo attraverso una garza. Può essere conservato al fresco fino a tre mesi.
Accendere un fuoco di legna di faggio e mettere la zucca sulla griglia direttamente sopra il fuoco. Cuocerla fino a che la buccia diventa nera, avvolgera in carta di alluminio e lasciarla al caldo almeno per 30 minuti. Sbucciarla previdentemente facendo attenzione di togliere tutta la buccia bruciata. Tagliare a metà la zucca pulita, togliere i semi e tenere al fresco.
Per fare la glassa per la zucca, scaldare una casseruola, aggiungere l'acqua, l'aceto di mele, l'aglio nero, il miele, il tamari al grano saraceno, i rametti di ribes con le foglie tagliati fini. Ridurre il liquido fino a metà a bassa temperatura, filtrare e aggiungere le fragoline di bosco tagliate grossolanamente, mescolare bene e raffreddare. La glassa deve essere preparata almeno un giorno prima per dare modo alle fragoline di reidratarsi nella glassa.
Spalmare gli spicchi di zucca con il burro e tostarli sopra il carbone ardente. La griglia deve essere posizionata in modo che la temperatura non sia troppo alta. Quando si nota che gli spicchi iniziano a tostarsi bene, iniziare a spalmarli di glassa, facendo attenzione che ne rimanga il più possibile sulla zucca. Cuocere fino a che la glassa e i pezzetti di fragoline si caramelizzano senza bruciarsi. Tenere al caldo e servire al più presto.
Per preparare il cervo bisogna temperare la carne a temperatura ambiente almeno 1 ora prima di servirla.
Mettere sul fuoco una padella in ghisa e scaldarla bene. Salare la carne e spalmarla di burro 5 minuti prima di cuocerla. Mettere la carne nella padella asciutta senza rivoltarla. Spostarla in senso orario sulla padella fino a che è ben cotta, poi voltarla e ripetere la procedura. La padella quasi non deve fare fumo. Dopo averla cotta, adagiare la carne su di una rete e farla maturare al caldo per circa 15-17 minuti (circa 68°C), senza coprirla per non perdere la croccantezza. Nel frattempo pulire la padella, scaldarla di nuovo, aggiungere la carne e tanto burro da coprire almeno 1 cm del fondo (dipende dalla grandezza della padella). Quando il burro inizia a formare la schiuma e ha un buon profumo, girare la carne, aggiungere uno spicchio d'alio schiacciato, il timo e bagnare continuamente la carne con il burro. Quando il burro inizia a scurirsi, togliere la carne e metterla su di un piatto di portata. Versate il burro in una pentola calda perché non bruci. Dividere la carne in porzioni, cospargerla con la cenere di abete, cospargere di cenere di abete anche il piatto prima di adagiarvi la carne.
Il piatto si prepara adagiando la carne sul piatto e irrorandola con il burro. Accanto disporre un pezzo di zucca, versare un cucchiaio di olio di abete e completare il piatto con l'oxalis triangularis.
Mescolare in una ciotola il colostro di capra, i tuorli, il sale, lo zucchero e la panna fino ad ottenere un composto liscio. Versarlo in formine da forno da 1 dl. Chiudere le formine ermeticamente con la carta di alluminio o con dei coperchi e cucinare per 50 minuti al vapore. Fare raffreddare completamente.

"Dulce de leche"

Togliere l'etichetta adesiva dalla lattina. Metterla in una pentola e versarci l'acqua in modo che rimanga coperta da almeno un centimetro d'acqua. Fare bollire l'acqua. Appena inizia a bollire, abbassare la fiamma e cucinare da 2 a 3 ore. Fare attenzione al livello dell'acqua e se c'è bisogno, aggiungerla. A cottura utlimata aspettare che la lattina si raffreddi completamente poi versare il contenuto in una ciotola, mescolare bene per ottenere una caramella cremosa.
Preparare il piatto togliendo il colostro dagli stampini, e spalmando sopra la carармella in crema. Per rendere il dolce più fresco, aggiungere menta o fiori di basilico cinese.

Jelen z bučo in borovimi iglicami

PRIPRAVA:
Za smrekov pepel segrejemo pečico na 200 °C. V nizek pladenj nasujemo smrekove iglice in jih pečemo tako dolgo, da popolnoma počrnijo. Ohlajene iglice zmeljemo v fin prah, ga presejemo in shranimo na suhem.
Smrekovo olje pripravimo tako, da v pokončnem mešalniku zmeljemo sveže iglice in med mletjem dodajamo oljčno in repično olje. Zmes pustimo macerirati vsaj 1 dan in jo nato precedimo skozi sirarsko krpo. Hranimo na hladnem do 3 mesece.
Zakurimo ogenj iz bukovih drv in Hokaiido bučo položimo na mrežico direktno nad ogenj. Tako jo opekamo toliko časa, da lupina počrni, nato jo zavijemo v aluminijasto folijo in jo pustimo na toplem vsaj 30 minut. Bučo nato previdno olupimo in pri tem pazimo, da odstranimo vso zažgano lupino. Očiščeno bučo nato prepolovimo in očistimo pešk, razrežemo jo na krhlje in shranimo na hladnem do serviranja.
Glazuro za bučo pripravimo tako, da kozico segrejemo do toplega, dodamo vodo, jabolčni kis, črni česen, med, ajdov tamari in fino narezane vejice ribeza z listjem. Tekočino reduciramo pri nizki temperaturi do polovice, precedimo in dodamo grobo nasekljane jagode, dobro premešamo in ohladimo. Glazuro je potrebno pripraviti vsaj 1 dan pred uporabo, da se jagode rehidrirajo v glazuri.
Krhlje buče premažemo z maslom in opekamo nad vročo žerjavico, višino mrežice nad žerjavico nastavimo tako da temperatura ni prevroča. Ko opazimo da se krhlji začnejo lepo opekati, jih začnemo premazovati z glazuro in pri tem pazimo, da se je čim več oprime buče. Pečemo toliko časa, da glazura in koščki jagode lepo karamelizirajo in da niso zažgani. Shranimo na toplem in čim prej serviramo.
Za pripravo jelena je potrebno meso temperirati na sobni temperaturi vsaj 1 uro pred serviranjem.
Na štedilnik postavimo litoželezno ponev in jo dobro segrejemo. Meso solimo 5 minut pred peko in ga premažemo z maslom. V suho ponev položimo meso in ga ne obračamo, pomikamo v smeri urinega kazalca po ponvi toliko časa, da je lepo zapečen, nato ga obrnemo in postopek ponovimo. Iz ponve se skoraj ne sme kaditi. Po pečenju meso prestavimo na mrežico in zorimo na toplem cca.15-17 minut (okoli 68 °C). Mesa ne pokrivamo, da ne izgubimo zapeke. Med tem očistimo ponev in jo ponovno segrejemo, dodamo meso in toliko masla, da je stopljenega vsaj 1cm, odvisno od velikosti ponve. Ko se maslo začne peniti in lepo zadiši meso obrnemo in dodamo strt strok česna in timijan. Med peko meso oblivamo z maslom. Ko začne maslo rjaveti prestavimo meso na desko za serviranje, maslo pa precedimo v toplo kozico, da se ne zažge. Meso razrežemo na porcije in posujemo s smrekovim pepelom, preden ga položite na krožnik ga posujemo s smrekovim pepelom.

SERVIRANJE: Krožnik sestavimo tako, da na krožnik položimo meso, ga prelijemo z maslom od peke, zraven položimo košček buče, vsemu skupaj prilijemo žlico smrekovega olja in zaključimo jed z zajčjo deteljo.

„Dulce de leche"

S pločevinke najprej odstranimo nalepko. Pločevinko nato damo v lonec za kuhanje in vanj nalijemo toliko vode, da je pločevinka vsaj 1 cm pod vodo. Vodo s pločevinko nato zavremo. Takoj, ko voda začne vreti, ogenj zmanjšamo ter ohranjamo konstantno temperauro in kuhamo 2 do 3 ure, pazljivi moramo biti na nivo vode in vodo po potrebi dodajati. Po kuhanju počakamo, da se pločevinka popolnoma ohladi, vsebino nato stresemo v skledo in dobro premešamo, da dobimo kremasto karamelo.

SERVIRANJE: Krožnik sestavimo tako, da kolostrum zvrnemo ven iz posodic ter vrh kolostruma premažemo s kremasto karamelo. Za posvežitev sladice lahko dodamo meto ali cvetove perile.

INGREDIENTI per 5 persone

Per il cervo:
- *Dorso di cervo giovane (ripulito da nervi e filamenti) 500 gr*
- *Burro 200 gr circa • Aglio 1 spicchio*
- *Timo 2 rametti*
- *Oxalis triangularis 1 mazzetto*

Per la cenere di abete:
- *aghi di abete rosso (Picea) 200 gr*

Per l'olio di abete:
- *Aghi di abete rosso (Picea) 100 gr*
- *Olio extravergine di oliva 50 gr*
- *Olio di colza 50 gr*

Per la zucca:
- *1 piccola zucca Hokkaido • Fragoline di bosco secche 30 gr • Miele di tiglio 10 gr*
- *Acqua 1 dl pasta di aglio nero 30 gr*
- *Aceto di mele 0,5 dl*
- *Salsa »tamari« di grano saraceno 1 dl*
- *2 rametti di ribes nero con le fogpie*

Colostro e „dulche de leche":
- *Colostro di capra 200 gr*
- *Panna da cucina 100 gr*
- *2 tuorli grandi • Zucchero di canna 30 gr*
- *1 pizzico di sale*

„Dulche de leche":
- *1 lattina di latte condensato*

SESTAVINE za 5 oseb

JELEN:
- *500 g hrbta mladega jelena (očiščenega od kit in mrenic)*
- *približno 200 g masla • 1 strok česna*
- *2 vejici timijana*
- *šopek zajčje detelje (Oxalis triangularis)*

SMREKOV PEPEL:
- *200 g smrekovih iglic (Picea)*

SMREKOVO OLJE:
- *100 g smrekovih iglic (Picea)*
- *50 g ekstra deviškega oljčnega olja*
- *50 g repičnega olja*

BUČA:
- *1 mala Hokaiido buča • 30 g suhih gozdnih jagod • 10 g lipovega medu • 1 dl vode*
- *30 g pasto črnega česna • 0,5 dl jabolčnega kisa • 1 dl ajdove »tamari« omake*
- *2 vejici črnega ribeza z listjem*

Kolostrum in „dulche de leche":
- *200 g mezge oz. kozjega kolostruma*
- *100 g smetane za kuhanje*
- *2 velika rumenjaka • 30 g rjavega sladkorja*
- *ščepec soli*

„Dulce de leche":
- *1 lattina di latte condensato*

REZEPTE | *RICETTE | RECEPTI*

Jure Tomič | OŠTERIJA DEBELUH

Forelle, weiße Bohnen und Wirsing

ZUBEREITUNG:

Für die Forelle: Das Forellenfilet gut würzen und mit Olivenöl beträufeln. In einem auf 80 °C erhitzten Backrohr, je nach Größe des Filets, etwa 5 Minuten backen.

Für die Bohnencreme: Die Bohnen über Nacht aufquellen lassen. Nun weich kochen und verrühren. Zum Schluss nach Belieben würzen und die Butter hinzufügen. Die Masse in einen Oberspender geben und damit zwei Kugeln spritzen. Bis zum Servieren warm lagern.

Für den Wirsing: Den Wirsing waschen und ihn gemeinsam mit den anderen Zutaten in einen Topf geben. So lange kochen, bis er etwas weicher wird, seine schöne grüne Farbe aber nicht verliert.

Für die Buttersoße: Alle Zutaten außer der Butter in einen kleinen Topf geben und auf kleiner Flamme erhitzen. Die Flüssigkeit abseihen und Butter unterrühren, sodass eine cremige Textur entsteht.

Kornfeld | Für die Schokoladenerde: Alle trockenen Zutaten in eine Schüssel geben und die Butter mit der Hand unterrühren, bis ein bröckliger Teig entsteht. Diesen Teig auf ein Backblech geben und 30 Minuten in den Kühlschrank stellen. Das Backrohr auf 160 °C erhitzen und 12 Minuten backen. Den Teig abkühlen lassen und zerpflücken, sodass er wie Erde aussieht.

Für die Maiscreme: Den Mais gemeinsam mit Wasser und Obers kochen. Sobald er weicher wird, in einem feinen Sieb abseihen. Mit den übrigen Zutaten vermengen und für 3 Stunden in den Kühlschrank stellen.

Für das Buchweizeneis: Milch und Obers in einen kleinen Topf geben und erhitzen. Den Buchweizensterz in die erhitzte Flüssigkeit geben und kalt werden lassen. Dadurch gibt der Buchweizensterz sein Aroma frei. Abseihen, die übrigen Zutaten dazugeben und erneut auf 80 °C erhitzen. Die Masse in die Schüssel eines PacoJets geben und dann einfrieren. Der übrig gebliebene Sterz kann für ein weiteres Gericht verwendet werden.

Für das Schokoladenkrokant: Die Schokolade schmelzen, dann Eiklar und Mandelmehl dazugeben. Alles in einen Oberspender geben und die noch warme Masse in Plastikbecher füllen. In der Mikrowelle 1 Minute erhitzen. Sobald sie abgekühlt sind, in größere Stücke reißen und im Backrohr 2 Stunden trocknen.

Zutaten

Für die Forelle:
- *400 g Forellenfilet*
- *Salz • Pfeffer • Olivenöl*

Für die Bohnencreme:
- *100 g weiße Bohnen*
- *450 ml Wasser • 70 g Butter*
- *Salz • Weißer Pfeffer*

Für den Wirsing:
- *200 g Wirsing • 100 ml Wasser*
- *50 g Butter • Salz*

Für die Buttersoße:
- *150 g Butter • 1 Schalotte*
- *200 ml Wein • 20 g Essigsäure*
- *Salz •Pfeffer • 1 Lorbeerblatt*

Kornfeld:
Für die Schokoladenerde:

- *90 g Mehl • 25 g Kakao*
- *35 g Butter (Zimmertemperatur)*
- *40 g Zucker*

Für die Maiscreme:
- *300 g Mais • 40 ml Wasser*
- *50 ml Obers • 20 g Butter*
- *50 g weiße Schokolade*
- *20 g Zucker • 1 Blatt Gelatine*

Für das Buchweizeneis:
- *600 g Milch • 70 g Obers*
- *60 g Buchweizensterz*
- *3 Eidotter • 80 g Zucker*
- *2 Blatt Gelatine*

Für das Schokoladenkrokant:
- *200 g Schokolade*
- *160 g Eiklar*
- *60 g Mandelmehl*

Jure Tomič | OŠTERIJA DEBELUH

Trota, fagioli bianchi e verza

PREPARAZIONE:
Condire bene il filetto di trota con sale, pepe e olio d'oliva. Cuocere al forno a 80 °C per 5 min circa, dipende dalla grandezza del filetto.
Schiuma di fagioli: Mettere in ammollo i fagioli per una notte. Lessarli fino a farli diventare morbidi e frullarli. Alla fine aggiustare di sale e pepe e aggiungere il burro. Versare la massa nella bottiglia ISI e aggiungere due bombolette. Tenere al caldo.

Verza: Pulire la verza e metterla in una casseruola assieme agli altri ingredienti. Cucinare fino a farla ammorbidire, ma deve mantenere un bel colore verde.

Salsa al burro: Mettere tutti gli ingredienti tranne il burro in una casseruola e farli bollire a fiamma lenta fino a ridurli a metà. Filtrare il liquido, aggiungere il burro e mescolare fino ad ottenere una crema.

Campo di grano: Riunire tutti gli ingredienti in una ciotola, poi lentamente aggiungere il burro con le mani, in modo da ottenere una terra a grumi. Metterla su di una teglia e conservare in frigorifero per 30 minuti. Scaldare il forno a 160 ° C e cuocere per 12 minuti. Raffreddare e sbriciolare per ottenere le sembianze della terra.

Crema di mais: Cucinare il mais con l'acqua e la panna. Quando è morbido frullarlo e passarlo al colino con maglie fitte. Aggiungere gli altri ingredienti e lasciare in frigorifero almeno per 3 ore.

Gelato al grano saraceno: In una casseruola fare bollire il latte e la panna. Versare nel liquido bollente il grano saraceno e fare raffreddare (così il grano saraceno sprigiona il proprio aroma). Filtrare e aggiungere gli altri ingredienti, scaldare nuovamente fino a 80 °C. Versare il composto nella ciotola per il paco jet e congelare. Prima di utilizzarla frullare e servire. Il grano saraceno rimasto può venire utilizzato per la preparazione di un altro piatto.

Cioccolato croccante: Sciogliere il cioccolato, quindi aggiungere gli albumi e la farina di mandorle. Versare nel sifone per la panna montata, avvitando due bombolette. Spruzzarlo ancora caldo in formine di plastica. Cuocere nel forno a microonde per 1 minuto. Quando si raffreddano, farli a pezzi e asciugarli al forno a 60 °C per 2 ore.

Postrv, beli fižol in ohrovt

PRIPRAVA:
File postrvi dobro začinimo in pokapljamo z oljčnim oljem. V pečici, ogreti na 80 °C jo pečemo približno 5 minut odvisno od velikosti fileja.

Za fižolovo peno: Fižol namočimo preko noči, da nabrekne. Skuhamo ga do mehkega ter zmiksamo. Na koncu začinimo po okusu in dodamo maslo. Maso zlijemo v sifon za stepanje smetane ter privijemo 2 bombici. Do serviranja hranimo na toplem.

Za ohrovt: Ohrovt očistimo ter postavimo v kozico skupaj z ostalimi surovinami. Kuhamo toliko časa dokler se malo ne omehča, a ohraniti mora lepo zeleno barvo.

Za masleno omako: Vse sestavine razen masla damo v kozico in na rahlem ognju povremo do polovice. Tekočino precedimo in vanjo umešamo maslo, da dobi kremasto teksturo.

Žitno polje: V posodo damo vse suhe surovine, nato z roko počasi vmešamo maslo, da dobimo grudičasto zemljo. Položimo jo na pekač in postavimo v hladilnik za 30 minut. Pečico segrejemo na 160 °C in pečemo 12 minut. Ohlajeno razdrobimo, da dobimo videz zemlje.

Za koruzno kremo: Koruzo skuhamo skupaj z vodo in smetano. Ko se zmehča jo zmiksamo in precedimo skozi fino cedilo. Primešamo ostale surovine in pustimo v hladilniku vsaj 3 ure.

Za ajdov sladoled: V kozico damo mleko in smetano ter ju zavremo. V vrelo tekočino damo ajdovo kašo in pustimo da se ohladi (tako ajdova kaša spusti svojo aromo). Precedimo in dodamo ostale surovine in ponovno segrejemo do 80 °C. Maso vlijemo v posodo za Paco Jet in zamrznemo. Pred uporabo jo premeljemo in serviramo. Kašo, ki nam ostane lahko uporabimo v kakšni drugi jedi.

Za hrustljavo čokolado: Čokolado stopimo in ji dodamo beljake ter mandljevo moko. Vlijemo v sifon za stepeno smetano, privijemo 2 bombici. Toplo nabrizgamo v plastične kozarčke. Spečemo jih v mikrovalovni pečici 1 minuto. Ko se ohladijo jih natrgamo na večje kose ter posušimo v peči na 60 °C 2 uri.

Le ricette sono per 4 persone:

Trota:
- *Filetto di trota 400 gr • sale • pepe*
- *olio d'oliva*

Schiuma di fagioli:
- *Fagioli 100 gr • Acqua 450 ml*
- *Burro 70 gr • sale • pepe bianco*

Verza:
- *Verza 200 gr • Acqua 1dl • Burro 50 gr*
- *sale*

Salsa al burro:
- *Burro 150 gr • 1 scalogno • Vino 2 dl*
- *Aceto (bianco) 20 gr • sale • pepe*
- *1 foglia di alloro*

Campo di grano | Terra di cioccolato:
- *Farina 90 gr • Cacao 25 gr*
- *Burro (a temperatura ambiente) 35 gr*
- *Zucchero 40 gr*

Crema di mais:
- *Mais dolce 300 gr • Acqua 40 gr*
- *Panna 50 ml • Burro 20 gr*
- *Cioccolato bianco 50 gr • Zucchero 20 gr*
- *1 foglio di gelatina*

Gelato al grano saraceno
- *Latte 600 gr • Panna 70 gr*
- *Grano saraceno 60 gr • 3 tuorli*
- *Zucchero 80 gr • 2 fogli di gelatina*

Cioccolato croccante:
- *Cioccolato 200 gr • Albumi 160 gr*
- *Farina di mandorle 60 gr*

Sestavine

Za postrv:
- *400 g fileja postrvi • Sol • Poper • Oljčno olje*

Za fižolovo peno:
- *100 g fižola • 450 ml vode • 70 g masla*
- *Sol • Beli poper*

Za ohrovt:
- *200 g ohrovta • 1 dl vode • 50 g masla • Sol*

Za masleno omako:
- *150 g masla • 1 šalotka • 2 dl vina*
- *20 g kisa (belega) • Sol • Poper • 1 lovorjev list*

Žitno polje | Sestavine:
- *90 g moke • 25 g kakava • 35 g masla (na sobni temperaturi) • 40 g sladkorja*

Za koruzno kremo:
- *300 g mlečne koruze • 40 g vode • 50 ml smetane • 20 g masla • 50 g bele čokolade*
- *20 g sladkorja • 1 lista želatine*

Za ajdov sladoled:
- *600 g mleka • 70 g smetane • 60 g ajdove kaše • 3 rumenjake • 80 g sladkorja*
- *2 lista želatine*

Za hrustljavo čokolado:
- *200 g čokolade • 160 g beljakov*
- *60 g mandljeve moke*

REZEPTE | *RICETTE* | *RECEPTI*

Ilija Pejic† | RISTORANTE ILIJA

Risotto mit Rosmarinbutter, Zitrone, Honig und Garnelen

Dieses Risotto ist Iljas Meisterstück. Es wird ausschließlich Rosmarin aus Kroatien verwendet, da dieser aromatischer ist. Und so wird die Rosmarinbutter hergestellt: Sofort nach der Lieferung werden die Blätter gepflückt und zusammen mit Butter aus den Alpen in ein luftdicht verschlossenes Sackerl gegeben und in einem Wasserbad bei 55–60 °C eine Nacht lang stehen gelassen. Danach wird die Butter durchgesiebt und eingekühlt. So entsteht eine kompakte Masse von hellgrüner Farbe.
Der Reis wird angeröstet, dann wird der Wein hinzugegeben und schließlich die Brühe. In der letzten Kochphase werden Rosmarinbutter, Zitronensaft und Zitronenschale wie auch Parmesan untergerührt. Auf den Teller wird eine Honigspirale gegeben, die einen Kontrast zum Rosmarin bildet, garniert mit rohen Garnelen.

ZUBEREITUNG: Den Reis anrösten, dabei ständig ein wenig Gemüsebrühe unterrühren. Sobald der Reis gut gekocht ist, Rosmarinbutter und Parmesan hinzugeben.

SERVIEREN: Den Reis in einem runden Teller zu einem möglichst runden Gebilde anrichten. Als darüberliegende Schicht werden die Garnelen roh an Öl serviert.

DESSERT:

DUNKLE SCHOKOLADE Crème anglaise:

Zucker und Eidotter miteinander verrühren. Milch und Obers auf 90 °C erhitzen und bei Erreichen der Temperatur Zucker und Eidotter hinzufügen. Nun auf 80 °C herunterregeln. Jetzt die Bitterschokolade hinzufügen und kräftig rühren. In Spiralformen geben und 12 Stunden bei +4 °C lagern, danach auf –20 °C schockkühlen, um die Speise ohne Schwierigkeiten von der Form ablösen zu können.

MERINGA CROCCANTE ALL'ITALIANA (KNUSPRIGES ITALIENISCHES BAISER)

Das Eiklar gemeinsam mit dem Traubenzucker schlagen, dann Zucker und Wasser in einen kleinen Topf geben, die Temperatur auf ca. 120 °C bringen und sehr langsam das Eiklar darübergießen. Bis zum Abkühlen weiterschlagen. Nun den Teig mit Hilfe eines Spritzbeutels in die richtige Form bringen und 10 Minuten bei 180 °C und dann 90 Minuten bei 80 °C backen. Die Backzeit hängt von der Größe der Baisers ab.

HIMBEERCREME

Milch und Obers zum Kochen bringen, dann die weiße Schokolade und die pürierten Himbeeren zügig unterrühren. 12 Stunden bei 4 °C lagern, danach in einen Spritzbeutel füllen.

Zutaten für 4 Pers.

Für die Rosmarinbutter:
- *120 g frischer Rosmarin*
- *100 g Butter*

Für das Risotto:
- *Gemüsebrühe nach Belieben*
- *280 g Carnaroli-Reis*
- *150 g Rosmarinbutter*
- *80 g Parmesan*
- *8 Garnelenschwänze*
- *60 g milder Honig mit Zitrone*

Dunkle Schokolade Crème anglaise:
- *500 g Milch*
- *300 g Obers*
- *130 g Eidotter*
- *70 g Zucker*
- *600 g Bitterschokolade 70 % (bei 80 °C hinzufügen).*

MERINGA CROCCANTE ALL'ITALIANA:
- *100 g Eiklar*
- *30 g Traubenzucker*
- *160 g Zucker*
- *120 g Wasser*

HIMBEERCREME:
- *500 g Milch*
- *250 g Obers*
- *400 g pürierte Himbeeren*
- *500 g weiße Schokolade*

Ilija Pejic† | RISTORANTE ILIJA

Risotto con estrazione di rosmarino, limone, miele e gamberi

Questo risotto è il cavallo di battaglia di Ilja. Il rosmarino arriva rigorosamente dalla Croazia perché è più profumato. Appena arriva lo si sfoglia e si mette in infusione a 55/60 gradi con il burro di montagna, per una notte. Poi viene filtrato e raffreddato. Si ottiene così un panetto dal colore verde acceso. Il risotto si fa tostare, poi sfumare con il vino e si procede con il brodo. A cottura ultimata si manteca con il burro al rosmarino, succo e scorza di limone, parmigiano. Poi sul piatto viene adagiata una spirale di miele, perché fa da contrasto al rosmarino, e pezzi di gambero a crudo.

PREPARAZIONE: Unire questi due ingredienti in una busta sottovuoto e lasciare in bagnomaria a 55° per 24 ore. Filtrare. Così si ottiene il burro al rosmarino.
Tostare il riso, versando sempre un po' di brodo vegetale. A fine cottura mantecare con burro e parmigiano.

PRESENTAZIONE: In un piatto rotondo mettere il nostro riso creando il più possibile una struttura rotonda. Sopra disporre i gamberi a crudo conditi con l'olio e alla fine un piccolo cerchio di miele e limone.

DESSERT BASE DI CIOCCOLATO FONDENTE:

Portare a 90° C latte e panna, una volta raggiunta la temperatura aggiungere il tuorlo precedentemente mescolato assieme allo zucchero. Portare il tutto a 80° C. Infine aggiungere il cioccolato fondente ed emulsionare velocemente. Versare in stampi a spirale e portare a +4 per 12 ore e successivamente abbattere a -20 per staccare facilmente la base dallo stampo.

MERINGA CROCCANTE ALL'ITALIANA:
Montare gli albumi insieme al destrosio, in un pentolino mettere lo zucchero e l'acqua e portare la temperatura tra i 118° e 121° C e versare a filo sugli albumi, montare fino a raffreddamento. Una volta pronto, con una sac à poche dare la forma desiderata ed infornare a 180° C per 10 minuti e proseguire a 80 °C per 90 minuti. Il tempo di cottura si calcola in base alla dimensione delle meringhe.

CREMOSO AL LAMPONE: Portare a bollore il latte e la panna poi emulsionare il cioccolato bianco e la purea di lampone.
Fare riposare per 12 ore a +4° C poi mettere in un una sac à poche. Preparare come da foto e decorare con menta fresca.

INGREDIENTI per 4 persone

burro al rosmarino:
- *rosmarino fresco 120 gr • burro 100 gr*

per il risotto:
- *brodo vegetale qb • riso Carnaroli 280 gr*
- *burro al rosmarino 150 gr • parmigiano 80 gr*
- *code di gamberi 8*
- *miele leggero con limone 60 gr*

BASE DI CIOCCOLATO FONDENTE
crema inglese:
- *latte 500 gr • panna 300 gr • tuorlo 130 gr*
- *zucchero 70 gr*
- *cioccolato fondente 70% 600 gr (da aggiungere a 80°)*

MERINGA CROCCANTE ALL'ITALIANA:
- *Albume 100 gr • destrosio 30 gr*
- *zucchero 160 gr • acqua 120 gr*

CREMOSO AL LAMPONE:
- *latte 500 gr • panna 250 gr*
- *purea di lampone 400 gr*
- *cioccolato bianco 500 gr*

Rižota z izvlečkom rožmarina, limono, medom in kozicami

Ta rižota je Iliev paradni konj. Rožmarin je strogo hrvaški, ker bolj diši. Takoj, ko prispe, ga zdrobijo in pustijo močiti na 55/60 °C čez noč, skupaj z maslom. Potem ga precedijo in ohladijo, tako dobijo rožmarinovo maslo.

POSTOPEK: Prepražimo riž, zalijemo z vinom in nato postopoma dolivamo zelenjavno juho. Na koncu zabelimo z rožmarinovim maslom, limoninim sokom in lupino ter sirom Parmigiano.

SERVIRANJE: Na okrogli krožnik damo riž, na vrh položimo surove kozice z oljem in na koncu izrišemo spiralo z medom.

OSNOVA IZ TEMNE ČOKOLADE: Mleko in smetano segrejemo na 90 °C, dodamo rumenjak, ki smo ga predhodno zmešali s sladkorjem. Vse skupaj segrejmo na 80 °C. Na koncu dodamo temno čokolado in na hitro premešamo. Pretočimo v spiralne modele in pustimo, da se na +4 12 ur, nato na hitro ohladimo na -20 °C, da se osnova zlahka loči od modela.

HRUSTLJAVA ITALIJANSKA MERINGA: Beljake stepemo skupaj z glukozo, v kozico damo sladkor in vodo in segrevamo do temperature med 118 in 121 °C. To raztopino v curku postopoma dodajamo beljakom in stepamo dokler se zmes ne ohladi. Zmes vlijemo v dresirno vrečko in jo poljubno oblikujemo. Pečemo 10 minut na 180 °C ter 90 minut na 80. Čas pečenja je odvisen od velikosti mering.

MALININA KREMA: Zavremo mleko in smetano nato vmešamo belo čokolado in malinov pire. Pustimo počivati 12 ur na +4 °C. Z dresirno vrečko oblikujemo kot na sliki in okrasimo s svežo meto.

SESTAVIINE
Za 4 osebe

- *120 g svežega rožmarina*
- *100 g masla*

za rižot za 4 osebe:
- *280 g riža Carnaroli*
- *150 g rožmarinovega masla*
- *80 g sira Parmigiano • 8 repov kozic*
- *60 g lahkega medu z limono*

OSNOVA IZ TEMNE ČOKOLADE
angleška krema / vanilijeva omaka

- *500 g mleka • 300 g smetane*
- *130 g rumenjakov • 70 g sladkorja*
- *600 g temne čokolade 70% (dodati na 80 °C)*

HRUSTLJAVA ITALIJANSKA MERINGA:
- *100 g beljakov • 30 g dekstroze / glukoze*
- *160 g sladkorja • 120 g vode*

MALININA KREMA:
- *500 g mleka • 250 g smetane*
- *400 g malinovega pireja • 500 g bele čokolade*

REZEPTE | *RICETTE* | *RECEPTI*

Fabrizia Meroi | RISTORANTE LAITE

Buchweizentorte, Ziegenricotta, Heueis, Marillen

ZUBEREITUNG:

Das Eis durch Erhitzen aller Zutaten zubereiten, daraufhin eine halbe Stunde ziehen lassen, abseihen, den Stabilisator hinzufügen und schließlich in die Eismaschine geben.

Zubereitung der Marillen: Nach dem Entkernen und Waschen die Marillen gemeinsam mit den Pektinen in eine Kasserolle geben. Für 1–2 Minuten erhitzen, danach den Zucker hinzufügen und weitere 6 Minuten kochen lassen.

Für den Mürbeteig zunächst Mehl und Buchweizen, danach Zucker und Butter und schließlich die Eier vermengen. Anschließend eine halbe Stunde im Kühlschrank abkühlen lassen.

Für die Füllung: Den Buchweizen etwa 8 Minuten kochen, dann abseihen. Den Ricotta durch ein Sieb geben und sorgfältig mit den übrigen oben angeführten Zutaten vermengen. Den abgekühlten Buchweizen sorgfältig mit dem Ricotta vermischen.

Den Mürbeteig auf etwa 1 cm ausrollen (dabei ein wenig Teig für die Dekoration übrig lassen) und ihn in eine mit Mehl und Butter eingefettete Tortenform geben. Nun die Füllung nicht zu dick auftragen und zum Schluss den beiseitegelegten Mürbeteig hinzufügen. Circa 50 Minuten bei 175 °C im Backrohr backen.

Kartoffelravioli mit Äpfeln, salzigem Käse und Zwiebelsamen

ZUBEREITUNG:

Wasser und ein wenig Salz in einen angemessen großen Topf geben. Die Kartoffeln darin zum Kochen bringen. Nun abseihen und durch eine Kartoffelpresse drücken. Sobald sie abgekühlt sind, rasch mit dem Eigelb, dem Mehl und den sehr fein zerkleinerten trockenen Apfelringen vermengen.

Nun die Füllung zubereiten: Die beiden Käsesorten durchsieben und dann miteinander verschmelzen lassen.

Den Teig mit einem Nudelholz dünn ausrollen. Dabei darauf achten, dass die Arbeitsfläche genügend mit Mehl beschichtet ist, damit der Kartoffelteig nicht kleben bleibt.

Etwa 5 cm große Scheiben mit einem geeigneten Teigschneider ausstechen. Jede der Scheiben mit einer kleinen Menge des salzigen Käseteigs befüllen. Die Ravioli zu einem Halbmond formen und gut verschließen.

Die Ravioli in leicht gesalzenes kochendes Wasser geben, sobald sie auftauchen, abseihen und mit zerlassener Butter, Zwiebelsamen und je zwei Scheiben der getrockneten Äpfel anrichten. Sofort servieren.

Zutaten für 2–3 Torten zu je 28 cm

Für den Mürbeteig:
- *160 g Manitoba-Mehl*
- *450 g gemahlener Buchweizen*
- *280 g brauner Zucker*
- *425 g Butter • 1 ganzes Ei*
- *5 g Backpulver • 1 Vanilleschote*

Für die Füllung
- *500 g Ziegenricotta*
- *320 g brauner Zucker*
- *70 g Honig • 4 ganze Eier*
- *200 g Buchweizensterz*
- *400 g gekochter Buchweizen*
- *Orangenschale*
- *5 g kandierte Orangen*
- *eine Prise Salz*

Für das Heueis:
- *300 g Milch • 200 g Obers*
- *30 g Heu • 80 g Zucker*
- *10 g Stabilisator*

Für die Marillen:
- *500 g Marillen • 10 g Pektine*
- *150 g Kristallzucker*

Kartoffelravioli mit Äpfeln, salziger Käse und Zwiebelsamen *für 4 Pers...*

Für den Teig:
- *Etwa 350 g mittelgroße gelbe Kartoffeln • 1 Eidotter • Salz • C*
- *ca. 60 g Mehl 00*
- *100 g getrocknete Äpfel (nach Möglichkeit Pink Lady)*

Für die Füllung:
- *150 g salziger Käse*
- *25 g Mascarpone • 60 g Butter*
- *1 Löffel Zwiebelsamen*
- *8 Scheiben getrocknete Äpfel zur Dekoration*

Fabrizia Meroi | RISTORANTE LAITE

TORTA AL GRANO SARACENO, RICOTTA DI CAPRA, GELATO AL FIENO, ALBICOCCA

PREPARAZIONE:

Preparare il gelato portando a bollore tutti gli ingredienti, lasciare riposare in infusione per 30 min, filtrare, aggiungere lo stabilizzante e versate in gelatiera.
Preparazione per le albicocche: dopo averle denocciolate e lavate porle in una casseruola assieme alla pectina, cucinare per 1 o 2 min dopodiché aggiungere lo zucchero e cucinare per ulteriori 6 /8 min.
Per la pasta frolla impastare prima tutte le polveri e poi lo zucchero, il burro e infine le uova, porre a riposare in fresco mezz'ora.
Per il ripieno: cucinare il grano saraceno per 8 min, scolare e una volta raffreddato unirlo alla ricotta passata a setaccio e amalgamata accuratamente con gli altri ingredienti sopra elencati.
Stendere la frolla alta 1cm (tenendo da parte un po' di impasto per la decorazione) con la quale fodererete uno stampo da torta imburrato e infarinato, aggiungere il ripieno livellandolo bene e ultimare con la frolla tenuta da parte. Infornare a 175° per 50 min circa.

TORTELLI DI PATATE CON MELE, FORMAGGIO SALATO E SEMI DI CIPOLLA

PREPARAZIONE:

Bollire le patate in acqua leggermente salata in una pentola capace, scolarle e passarle a setaccio, una volta raffreddate impastarle velocemente con i tuorli, il sale, e la farina unita alle mele secche frullate molto finemente. Preparare la farcia: amalgamare dopo aver passato a setaccio i due formaggi. Stendere a mattarello l'impasto fino a ottenere una sfoglia sottile, fare attenzione a tenere bene infarinata la superficie del piano di lavoro in modo tale da evitare che la pasta di patate si attacchi.
Ritagliare dei dischi con l'apposito tagliapasta di circa 5cm. Farcire ciascun dischetto con un po' di impasto di formaggio salato; richiudere a mezza luna, sigillando accuratamente il bordo dei ravioli.
Tuffarli in acqua bollente leggermente salata e quando i tortelli verranno a galla scolarli, disporli sui piatti condendoli con del burro fuso, semi di cipolla e due fettine di mela essiccata da decorazione. Servite subito.

AJDOVA TORTA S KOZJO SKUTO, SENENIM SLADOLEDOM IN MARELICO

POSTOPEK:

Sladoled pripravimo tako, da zavremo vse sestavine in jih pustimo počivati 30 minut. Precedimo, doddamo stabilizator in vlijemo v sladoledník. Marelice pripravimo tako, da jih najprej izkoščičimo in operemo, nato jih damo v kozico skupaj s pektinom in kuhamo 1-2 minuti. Dodamo sladkor in kuhamo še 6-8 minut.
Za testo zamesimo najprej vse suhe sestavine, nato sladkor in maslo ter na koncu jajca. Pustimo počivati na hladnem pol ure.
Za nadev kuhamo ajdo 8 minut, jo ocedimo in ko se ohladi ji dodamo ocejeno skuto, ki smo jo poprej dobro zmešali z ostalimi sestavinami.
Testo razvaljamo na 1 cm (pustimo nekaj testa za okras) in ga položimo v namaščen in pomakan pekač za torte, dodamo nadev, ki ga dobro izravnamo in dokončamo s testom, ki smo ga shranili. Pečemo približno 50 minut na 175 °C.

KROMIRJEVI ŽLIKROFI Z JABOLKAMI, SLANIIM SIROM IIN ČEBULNIMI SEMENI

POSTOPEK:

Krompir skuhamo v rahlc slani vodi, ocedimo in pretlačimo. Ko se ohladijo jih na hitro zamesimo z jaci, soljo in moko, ki smo ji dodali fino zmlete jabolčne krhlje.
Pripravimo nadev: zmešamo oba sira potem, ko smo ju pretlačili. Testo na tenko razvaljamo, pri tem pazimo, da je delovna površina dobro pomokana, da se ne bi krompirjevo testo lepilo nanjo.
Iz testa izrežemo kroge premera 5 cm. Vsak krog nadevamo, prepognemo, da dobimo polmesec in stisnemo robove.

INGREDIENTI
Per 2/3 torte da 28cm

Per la frolla :
- *farina di manitoba 160 gr*
- *grano saraceno macinato 450 gr*
- *zucchero di canna 280 gr • burro 425 gr*
- *uova intere 75 gr • baking 5 gr*
- *1 bacca di vaniglia*

Per il ripieno:
- *ricotta di capra 500 gr• zucchero di canna 320 gr • miele 70 gr • uova intere 200 gr*
- *grano saraceno frullato cotto 200gr*
- *grano saraceno cotto 400 gr*
- *buccia di arancia • arancia candita 5 gr*
- *un pizzico di sale.*

Per il gelato al fieno:
- *Latte 300 gr • panna 200 gr • fieno 30 gr*
- *zucchero 80 gr • stabilizzante 10 gr*

Per le albicocche:
- *Albicocche 500 gr • Pectina 10 gr*
- *zucchero semolato 150 gr*

TORTELLI DI PATATE CON MELE, FORMAGGIO SALATO E SEMI DI CIPOLLA

Per la pasta:
- *patate medie pasta gialla 350 gr circa*
- *1 tuorlo • Sale • Olio • farina 00 circa 60 gr*
- *mele secche affettate (se possibile Pink Lady) 100 gr*

Per la farcitura:
- *formaggio salato 150 gr • mascarpone 25 gr*
- *burro 60 gr • semi di cipolla 1 cucchiaio*
- *8 fettine di mele secche affettate per decorazione*

SESTAVINE ZA 2-3 TORTE VELIKOSTI 28 CM

ZA TESTO:
- *160 g moke manitoba • 485 g ajde*
- *280 g trsnega sladkorja • 425 g masla*
- *75 g celih jajc • 5 g pecilnega praška*
- *1 strok vanilije*

Za nadev:
- *500g kozje skute • 20 g trsnega sladkorja*
- *70 g meda • 300 g celih jajc • 200 g kuhane ajde • 400 g kuhane ajde • pomarančna lupina*
- *5g kandirane pomaranče • ščepec soli*

Za seneni sladoled:
- *300 g mleka • 200 g smetane • 30 g sena*
- *80 g sladdkorja • 10 g stabilizatorja*

Za marelice:
- *500 g marelic • 10 g pektina*
- *150 g sladkorja*

KROMIRJEVI ŽLIKROFI Z JABOLKAMI, SLANIIM SIROM IIN ČEBULNIMI SEMENI
SESTAVINE ZA 4 OSEBE:

Za testenine:
- *350 g srednjih krompirjevz rumeno kašo,*
- *1 rumenjak, sol, olje, 60 g moke T500,*
- *100 g suhih jabolčnih krhljev (po možnosti sorte Pink Lady)*

Za nadev:
- *150 g slanega sira, 25 g maskarponeja*
- *60 g masla; 1 žlica čebulnih semen*
- *8 suhih jabolčnih krhljev za okras*

„Das Brot, das gebrochen wird ..."

Tomaž Kavčič | Gasthaus „Pri Lojzetu" (Schloss Zemono)

von Sašo Dravinec

„Die Gerüche und Geschmäcker der heimischen Küche haben sich archetypische in sein Gedächtnis eingeprägt."

Das Renaissanceschloss Zemono, das auf einer Anhöhe in der Nähe von Vipava (Wippach) liegt und einst von den dortigen Adligen, der Familie Lanthieri, als Jagdresidenz erbaut wurde, dient in Obhut von Tomaž Kavčič seinem ursprünglichen Zweck: dem Genuss. Das Schloss ist heute der Sitz des Gasthauses „Beim Lojze" – ein gastronomischer Spitzentempel, ein poliertes Schaufenster mit Geschmäckern des Vipava-Tals und dessen breiterer Region.

Tomaž Kavčič, ein bedeutender Ambassadeur der slowenischen Kulinarik und Teilnehmer an den wichtigsten kulinarischen Festivals weit und breit, fühlt sich daheim, in Gesellschaft seiner Gäste, am besten. Er betont stets, dass das Kompositum Gasthaus das Wort Gast in seiner Wurzel trägt. „Als Gastgeber muss ich mich darum bemühen, dass sich die Gäste bei uns wohlfühlen." Obwohl er viel unterwegs ist, versucht er seine Wege immer so zu organisieren, dass er zwischen Mittwoch und Sonntag der Erste ist, der seine Gäste auf Zemono willkommen heißt.

Die Familie Kavčič wohnt in Dornberk, wo sie früher ein Gasthaus besaß, in welchem der kleine Tomaž zwischen den Tischen gespielt hatte. Die Gerüche und Geschmäcker der heimischen Küche haben sich archetypisch in sein Gedächtnis eingeprägt. So manche ruft er sich heute in der Küche von Zemono herbei, wo die Familie bereits ein Vierteljahrhundert präsent ist, und verleiht diesen ein modernes Styling. Mit unermesslicher Freude versucht er auch bei seinen Gästen Erinnerungen hervorzurufen, die er mit glänzenden kulinarischen Erlebnissen, im ausgeformten Ambiente auf die Teller gezaubert, und seiner exakten Erklärung geleitet.

Schon jahrzehntelang beginnt das kulinarische Erlebnis „Beim Lojze" auf nahezu gleiche Weise: „Dober dan" (Guten Tag) ist nicht nur eine Begrüßung, sondern auch ein Trinkspruch, der im Vipava-Tal ein Willkommenszeichen ist. Gleich darauf folgt das Brot, welches vor dem Gast gebrochen und mit Kren/Meerrettich serviert wird. Danach werden auf den elegant gedeckten Tischen Miniaturen ausgebreitet, die Kavčič' kulinarische Philosophie preisgeben. Diese basiert auf dem Verständnis von Tradition und Umgebung, den Zutaten der nahe liegenden Bauernhöfe und der etwas breiteren Region. Tomaž versteht den kulturellen Luftzug seines Orts nur zu gut, da dieser auch das kulinarische Erbe bereichert hat, deshalb schöpft er seine Inspiration aus der gesamten Schatzkammer, die sich über die Orte zwischen der Adria und den Alpen ausdehnt.

Einige seiner Innovationen sind volkstümlich geworden, wie etwa der Salzgrill, der auf dem Erbe der Salzwerker von den Salinen in Sečovlje beruht.

Die Rindsuppe, ein Sonntagsklassiker in Mitteleuropa, stellte er auf einer Expo in Milano auf ein Piedestal, wo er sie unter begeistertem Beifall in drei Konsistenzen vorstellte. Auch sein Gin Tonic steht kopf, ein Dessert, wo alle traditionellen Zutaten des beliebten Cocktails in anderen atmosphärischen Zuständen vorkommen. Wacholder, die Grundzutat für Gin, ist Kavčič' Aroma-Champion überhaupt: seine Unterschrift trägt ein selbst gebrauter Gin, mit Wacholder aromatisiert ist auch sein einzigartiger Tonic, gemeinsam mit den Käsern aus Sinji vrh hat er einen Käse mit Wacholder-Aroma entwickelt, kandierte Wacholderbeeren sind auch in seinem Panettone zu finden …

Bei Tomaž gibt es stets etwas Neues aus purer Inspiration, oder etwas, das aus dem Rahmen fällt. Konstant sind seine ansteckende gute Laune und seine Gastfreundschaft. Damit hat er der slowenischen Kulinarik und seinen Kollegen zahlreiche Türen im internationalen Raum geöffnet. Im Jahr 2006, kurz nach Sloweniens EU-Beitritt, sorgte er dafür, dass Slowenien in den internationalen Verband Jeunes Restaurateurs d'Europe (JRE) aufgenommen wurde. Er ist einer der seltenen Ausländer, die von den italienischen Kochgroßmeistern eingeladen wurden, der Associazione Le Soste beizutreten. Im Jahr 2020 wurde sein Gasthaus mit dem ersten Michelin-Stern ausgezeichnet.

„Il pane che viene spezzato“

Tomaž Kavčič | Ristorante „Da Lojze«“ | Palazzo Zemono

di Sašo Dravinec

» I profumi e i sapori della cucina di casa gli si sono impressi nella memoria come degli archetipi. «

Il palazzo rinascimentale di Zemono, situato su di un colle vicino a Vipava / Vipacco, che i nobili locali Lanthieri costruirono come residenza di caccia, con Tomaž Kavčič serve al suo scopo originario: a stare bene. Nel palazzo si trova la Gostilna pri Lojzetu / Ristorante da Lojze, un tempio gastronomico di altissima qualità e una splendente vetrina sui gusti della valle del Vipava e dell'intera regione che la circonda.

Tomaž Kavčič, autorevole ambasciatore della gastronomia slovena, ospite di prestigiosi festival in diverse parti del mondo, si sente al suo meglio a casa, con i propri ospiti. Ama sottolineare la radice comune dei termini osteria e ospitalità. »Mi considero un ospite, perciò devo fare in modo che i nostri ospiti da noi si sentano al meglio.« È molto in giro ma cerca sempre di organizzare i propri viaggi in modo che da mercoledì a domenica sia il primo a salutare gli ospiti di Zemono.

La famiglia Kavčič è di Dornberk, dove teneva un'osteria e nella quale il piccolo Tomaž giocava tra i tavoli. I profumi e i sapori della cucina di casa gli si sono impressi nel ricordo come degli archetipi. Nella cucina di Zemono, dove si trovano già da un quarto di secolo, ne richiama alla memoria molti e cambia loro d'abito, per renderli adatti ai giorni nostri. Gli piace molto fare risvegliare i ricordi anche ai suoi ospiti, li accompagna attraverso ricche esperienze culinarie che ricrea sul piatto, nell'ambiente curato a puntino e con la sua minuziosa spiegazione.

Già da decenni da Lojze l'inizio è pressoché lo stesso: „Dober dan“, Buon giorno, non è solo un saluto, ma anche un brindisi, segno di benvenuto nella valle del Vipava. Subito dopo è la volta del pane che spezzano davanti all'ospite e che servono assieme al cren. Poi sui tavoli elegantemente imbanditi iniziano ad sfilare le miniature che dischiudono la filosofia culinaria di Kavčič. Questa si fonda sulla comprensione della tradizione e del territorio, dei prodotti delle aziende agricole vicine e della regione. Tomaž percepisce molto bene il giro d'aria culturale del proprio luogo natio, che ha arricchito anche l'eredità culinaria, perciò trae ispirazione dall'intero patrimonio offerto dai luoghi che si trovano tra il mare Adriatico e le Alpi. Alcune sue innovazioni sono diventate molto famose, ad esempio la griglia di sale, che si appoggia all'eredità delle saline di Sečovlje / Sicciole. All'Expo di Milano ha posto sul piedistallo il brodo di manzo, il classico della domenica dell'Europa centrale, presentandolo tra gli applausi in tre consistenze diverse. Ha capovolto anche il Gin Tonic, un dessert che contiene tutti gli ingredienti dell'amato cocktail in diversi stati atmosferici. Il ginepro, la base del gin, per Kavčič è il fuoriclasse dell'aroma. Ha firmato il proprio gin, l'acqua tonica con il suo marchio è aromatizzata al ginepro, con il caseificio di Sinji Vrh ha sviluppato il formaggio all'aroma di ginepro, nel suo panettone c'è il ginepro candito.

Da Tomaž Kavčič c'è sempre qualcosa di nuovo, qualcosa secondo l'ispirazione del momento e qualcosa fuori dagli schemi. Una costante sono il suo buonumore e la sua ospitalità. Queste sue caratteristiche hanno aperto alla gastronomia slovena e ai suoi colleghi numerose porte nel mondo. Nel 2006, poco dopo l'annessione della Slovenia all'EU, ha fatto sì che la Slovenia diventasse membro dell'associazione internazionale Jeunes Restaurateurs d'Europe. È uno dei rari stranieri che gli italiani abbiano accolto nell'Associazione Le Soste, nel 2020 il suo ristorante ha ottenuto la sua prima stella Michelin.

„Kruh, ki ga lomijo...“

Tomaž Kavčič | Gostilna pri Lojzetu | Dvorec Zemono

Sašo Dravinec

Renesančni dvorec Zemono na vzpetini v bližini Vipave, ki so ga tamkajšnji plemiči Lanthieri postavili kot svojo lovsko rezidenco, s Tomažem Kavčičem služi svojemu prvotnemu namenu: uživanju. V dvorcu ima dom Gostilna pri Lojzetu, vrhunski gastronomski hram in zloščeno izložbeno okno okusov Vipavske doline in širše regije.

Tomaž Kavčič, pomembni ambasador slovenske kulinarike, udeleženec najpomembnejših gastronomskih festivalov daleč naokrog, se najbolje počuti doma med gosti. Vselej poudarja, da ima poimenovanje gostilna korenine v besedi gostiti. „Imam se za gostitelja, zato moram poskrbeti, da se naši gostje pri nas počutijo karseda dobro.“ Zelo veliko je naokrog, a poskuša svoje poti organizirati tako, da je med sredo in nedeljo prvi pozdrav na Zemonu njegov.

Družina Kavčič je doma v Dornberku, kjer so imeli gostilno, v kateri se je mali Tomaž igral med mizami. Vonji in okusi iz domače kuhinje so se mu arhetipsko vtisnili v spomin. Prenekaterega od njih si prikliče in ga v kuhinji na Zemonu, kjer so že četrt stoletja, preobleče za sedanji čas. Z neizmernim veseljem tudi v svojih gostih prebuja spomine in jih usmerja med celovitimi kulinaričnimi doživetji, ki jih pričara tako na krožniku kot z dognanim ambientom in s svojo natančno razlago. Pri Lojzetu je začetek že desetletja domala enak: „Dober dan« ni le pozdrav temveč tudi zdravica, ki je v Vipavski dolini znak dobrodošlice. Takoj za tem je na vrsti kruh, ki ga nalomijo pred gostom in postrežejo s hrenom. Nato začnejo na elegantno pogrnjene mize prihajati miniature, ki odstrnejo Kavčičevo kulinarično filozofijo. Ta sloni na razumevanju tradicije in okolja, sestavin z bližnjih kmetij in nekoliko širše regije. Tomaž zelo dobro razume kulturni prepih svojega kraja, ki je obogatil tudi kulinarično dediščino, zato navdih črpa iz celotne zakladnice, ki jo ponujajo kraji med Jadranom in Alpami.

Nekatere njegove inovacije so ponarodele, denimo solni žar, ki sloni na dediščini solinarjev iz Sečoveljskih solin. Govejo juho, nedeljsko klasiko v srednji Evropi, je postavil na piedestal na Expo v Milanu, kjer jo je ob ovacijah predstavil v treh konsistencah. Na glavo je obrnjen tudi njegov gin tonic, sladica, v kateri so vse tradicionalne sestavine priljubljenega cocktaila v drugačnih atmosferskih stanjih. Brin, osnova za gin, je Kavčičev aromatski prvak: podpisal se je pod svoj gin, z brinjem je aromatiziran tonic z njegovim podpisom, s sirarji s Sinjega Vrha je razvil sir z aromo brinja, kandirano brinje je v njegovem panetonu …

Pri Tomažu Kavčiču je vselej kaj novega, kaj po navdihu in kaj zunaj okvirjev. Stalnica je njegova nalezljiva dobra volja in njegovo gostoljubje. Z njima je slovenski kulinariki in kolegom odprl številna vrata v mednarodnem prostoru. Leta 2006, kmalu po vključitvi Slovenije v EU, je poskrbel za slovensko članstvo v mednarodnem združenju Jeunes Restaurateurs d'Europe. Je eden redkih tujcev, ki so ga italijanski velemojstri povabili v združenje Le Soste, leta 2020 pa je njegova gostilna dobila prvo Michelinovo zvezdico.

REZEPTE | *RICETTE* | *RECEPTI*

Tomaž Kavčič | GOSTILNA PRI LOJZETU

Hausgemachtes Brot und Krenaufstrich (Tradition des Hauses)

Das frisch gebackene Brot wird traditionell mit den Händen gebrochen. Mit diesem Brot und dem Krenaufstrich werden die Gäste des Gasthauses „Pri Lojzetu" willkommen geheißen.

„Gemüsereis" mit Forellenaroma, dehydrierten Tomaten, Karotten und Petersilienpulver

ZUBEREITUNG: Ein möglichst großes Forellenfilet (800–1000 g) für 24 Stunden in einer Mischung aus Kräutersalz und Zucker einlegen. Daraufhin das Filet anräuchern und in kleine Stücke schneiden. Gekochte Kartoffeln, Butter und Eiklar dazugeben und vermengen. Die Masse in einen Obersspender geben und eine Creme kreieren.
Nun das Knollengemüse säubern und per Hand in reiskorngroße Stücke zerteilen. 25 Minuten in Fischsuppe kochen, die aus den Überresten einer Forelle (Kopf, Schwanz) angerichtet wird.

SERVIEREN: Die Forellenpaste auf den Teller sprühen, in die Mitte den Gemüsereis geben und mit getrockneter Petersilie, Tomaten und Karottenpulver bestreuen.

Rindfleischsuppe:

Die Zwiebel schälen und in zwei Hälften schneiden, beide Hälften für 20 Sekunden anschwitzen. Alle Zutaten (Rindfleisch, Gemüse und die angeschwitzte Zwiebel) in einen breiten Topf geben und drei Liter eiskaltes Wasser dazugeben. Zum Kochen bringen und anschließend den Topf verschließen und 2–3 Stunden – nach Möglichkeit 5–6 Stunden – auf kleiner Flamme köcheln lassen, bis das Fleisch weich wird. 5 Minuten vor dem Herunternehmen das Salz hinzufügen. Sobald die Suppe gekocht und das Fleisch weich ist, abseihen.

Tortelliniteig:

Das Mehl auf einem großen Brett ausstreuen, nach Möglichkeit aus Holz. Eine Mulde in das Mehl drücken und 4 Eier hineinschlagen. Die Eier vorsichtig mit einer Gabel schlagen und stetig Mehl dazugeben. Den Teig rühren, bis er glatt und geschmeidig ist, dann daraus eine Kugel formen, in eine Plastikfolie hüllen und in eine Keramikschüssel geben. Die Kugel für 30 Minuten in den Kühlschrank stellen, bevor sie ausgerollt wird. Das Nudelholz und das Brett mit Mehl bestreuen und den Teig darauf legen. Den Teig leicht kneten und ausrollen. Die richtige Größe der Rechtecke bei hausgemachten Tortellini beträgt 3,5 cm. In die Mitte jedes Rechtecks ein etwa erbsengroßes Stück der Füllung geben, danach das Rechteck zu einem Dreieck zusammenfalten. Die Ecken der Dreiecke gut verschließen und die Ränder mit trockenen Fingern zusammendrücken. So entsteht die typische Form der Tortellini. Einen Teil der Rindfleischsuppe erhitzen. Sobald sie heiß genug ist, die Tortellini hineingeben.
Nach 3- bis 4-minütigem Kochen die Tortellini mit einem Schöpflöffel aus der Suppe nehmen, abschütteln und auf einen Teller geben.

Tortellinifüllung:

Einen Teil der Rindfleischsuppe und das Gemüse in einen Universalkocher geben. Rühren, abschmecken und nach Belieben Salz und Pfeffer dazugeben. Den Universalkocher mehrmals erhitzen, bis eine glatte Masse entsteht. Die Hälfte der Füllung abdecken und bis zum Verzehr in den Kühlschrank stellen. Den Rest jeweils unter die Tortellini auf den Teller geben.

Petersilien- und Karottencreme:

Zu den Karotten einen Löffel Rindfleischsuppe hinzufügen und so lange rühren, bis eine glatte, orange Karottencreme entsteht.

Peterwurzen- und Karottenpulver:

Die Petersilienblätter auf eine Platte eines Gemüsetrockners legen, die Karotten auf die zweite. Wenn das Gemüse etwa 12 Stunden lang getrocknet ist, aus dem Trockner nehmen und jeweils zu einem feinen Pulver mahlen.

VERZEHR: Auf einem breiten Servierteller einige Tupfer der grünen und orangen Creme anrichten. Etwas von der Tortellinifüllung mit einem Löffel verteilen und jeweils ein Stück Tortellini darauf platzieren. Nun mit dem grünen und orangen Pulver bestreuen. Die klare Rindfleischsuppe in einer Suppenschale servieren.

Tipps: Es handelt sich hier nicht nur um ein innovatives Rezept eines traditionellen slowenischen Gerichts, sondern auch um ein verschwendungsfreies. Sollte also zum Schluss etwas übrig bleiben, folgen hier einige Vorschläge für den Fall:
• Das übrig gebliebene Fleisch in 1 cm dünne Scheiben schneiden. Butter in einer Pfanne erhitzen und das Fleisch beidseitig 1 Minute braten. Salz und Pfeffer nach Belieben hinzufügen. • Die übrigen Tortellini können abgedeckt und höchstens einen Tag aufbewahrt oder alternativ eingefroren werden. Wenn sie hart werden, in ein Plastiksackerl geben und bis zu sechs Wochen einfrieren. • Die Suppe kann bis zu drei Tagen im Kühlschrank aufbewahrt werden. Der übrig gebliebenen klaren Rindfleischsuppe können Nudeln hinzugefügt werden, die ein paar Minuten kochen sollten. Eine weitere Möglichkeit besteht darin, Ei in die heiße Suppe einzurühren. Die Suppe kann natürlich auch für andere Saucen verwendet werden.

Gin Tonic zum Löffeln mit Wacholderaroma

ZUBEREITUNG: Gin und Tonic mit Agar Agar oder Gelatine vermengen. Den beim Rühren entstehenden Schaum mit einem Löffel entfernen, damit die Gelatine transparenter wird. In den Kühlschrank stellen und hart werden lassen.
SERVIEREN: Gelatinestücke auf den Grund des Glases geben, darüber das Zitroneneis schichten, darüber wiederum eine Gelatineschicht. Die zerkleinerte Zitronenschale im Dehydrator (Obsttrockner) dehydrieren, dann über die Nachspeise streuen. Wenn ein visueller Effekt erzeugt und der Geruchssinn angeregt werden soll, die zerdrückten Wacholderbeeren in 1 l Wasser kochen. So entsteht eine „Suppe" mit Wacholderduft. Das Crushed Ice in eine niedrige Metallschüssel geben (eine Keramikschüssel kann zerbrechen) und mit heißem Wasser aufgießen.

Zutaten für 4 Pers.

Für die Rindfleischsuppe:
- *1,5 kg mageres Rindfleisch, nach Möglichkeit Wadschunken (größeres Stück) (nach Belieben auch 2 Stück)*
- *1 Zwiebel*
- *4 orange Karotten*
- *2 Peterwurzen mit Blättern*
- *1 großer Knollensellerie mit Blättern (oder zwei kleine)*
- *1 reife Tomate*
- *1 Teelöffel Salz (nach Belieben)*
- *3 l Wasser*

Für den Tortelliniteig:
- *250 g Universalmehl*
- *4 Eier*
- *Salz und Pfeffer nach Belieben*

Für die Füllung:
- *½ des Rindfleischs, gekocht*
- *1/3 des Suppengemüses, gekocht*

Für die Peterwurzencreme:
- *Ein Stück gekochte Petersilie und Suppengrün*
- *1 Teelöffel Rindfleischsuppe*

Für die Karottencreme:
- *1 Karotte*
- *1 Teelöffel Rindfleischsuppe*

Petersilienpulver:
- *Ein paar gekochte Petersilienblätter*

Karottenpulver:
- *1 in kleine Stücke geschnittene gekochte Karotte*

Gin Tonic zum Löffeln mit Wacholderaroma für 6 Pers.
- *200 ml Gin*
- *600 ml Tonic Water (Fever Tree)*
- *1 kg Zitroneneis*
- *1 kg Crushed Ice*
- *4 g Agar oder 5 Blatt Gelatine*
- *1 Faust Wacholderbeeren*
- *Trockene zerkleinerte Zitronenschale (Metall) Gießkanne, flache Metallschüssel*

Tomaž Kavčič | GOSTILNA PRI LOJZETU

Pane casereccio e crema al rafano (ricetta tradizionale della casa)

Il pane appena sfornato si spezza sempre con le mani e nell'Osteria da Lojze viene sempre offerto per dare il benvenuto agli ospiti, accompagnato dalla crema al rafano.

„Riso non riso" al gusto di trota, con pomodori disidratati, carote e polvere di prezzemolo

PREPARAZIONE: Lasciare un filetto di trota molto grande (800 -1000 gr) sotto una miscela di sale affumicato e zucchero per 24 ore, poi affumicarlo e tagliarlo a pezzi piccoli. Aggiungere patate lesse, burro e albume e frullare. Riempire di questa crema il sifone.
Pulire una radice cruda di sedano e tagliarla a pezzetti della grandezza di un chicco di riso. Lessarli per 25 minuti in un fondo di pesce, fatto con le parti di trota avanzate (testa, coda).

PRESENTAZIONE: Spruzzare la spuma di trota sul piatto, in mezzo mettere il riso di sedano e cospargere con prezzemolo disidratato, pomodoro e carote in polvere.

Brodo di manzo:

Pelare la cipolla, tagliarla a metà e grigliare entrambi i pezzi dalla parte tagliata per 20 secondi. Mettere tutti gli ingredient (il manzo e le verdure, compresa la cipolla grigliata) in una pentola capiente con 3 l di acqua ghiacciata. Portare a bollore, poi abbassare il fuoco. Cuocere coperto a bassa temperatura fino a che il manzo è perfettamente morbido, dopo 2-3 ore, idealmente dopo 5-6 ore. 5 minuti prima che il brodo sia pronto aggiungere il sale. Quando il brodo è pronto e la carne è tenera (lo stato può essere verificato durante la cottura), togliere gli ingredienti dal brood e scolarli.

La pasta per i tortellini:

Versare la farina su di una grande tavola, meglio se di legno. Creare un „vulcano" con la farina, rompere 4 uova nel buco. Sbatterle leggermente con una forchetta e aggiungere poco alla volta la farina. Impastare fino ad ottenere un impasto morbido ed elastico, avvolgerlo nella pellicola e metterlo in una ciotola di ceramica. Prima di stenderla, tenerla in frigorifero per almeno 30 minuti. Spolverare la tavola e il mattarello con un po' di farina, poi mettervi la pasta. Batterla leggermente con il mattarello, poi stenderla in una sfoglia sottilissima. La misura giusta per i quadrati di pasta dei tortellini nostrani è di 3,5 cm. Mettere una pallina di ripieno nel mezzo di ogni quadrato, Ripiegarlo in un triangolo. Infine arrotolare il triangolo, fare combaciare le estremità e premere con le dita asciutte per farle attaccare, creando la forma tipica dei tortellini. Scaldare una parte del brodo di manzo. Versare i tortellini nel brodo in ebollizione. Quando i tortellini sono cotti, in 3 o 4 minuti, usare una schiumarola per toglierli dal brodo, fare uscire il liquido in eccesso (il brodo di manzo) e disporli direttamente nel piatto di portata.

Il ripieno dei tortellini:

Mettere in una ciotola di un robot da cucina una parte di carne lessa assieme alle verdure bollite. Frullare, assaggiare e aggiustare di sale e pepe. Frullare per ottenere un composto omogeneo. Coprire e fare raffreddare una parte del ripieno fino a che non verrà usato per assemblare i tortellini. L'altra parte del ripieno verrà messa sul piatto da portata sotto ogni tortellino.

Crema di prezzemolo e crema di carote:

Frullare una parte di prezzemolo lesso e un gambo di sedano con un cucchiaio di brodo di manzo per la crema verde di prezzemolo, fino ad ottenere una crema liscia. Frullare una carota con un cucchiaino di brodo di manzo per la crema di carota arancione, fino ad ottenere una crema liscia.

Polvere di prezzemolo e di carote:

Mettere le foglie di prezzemolo su di un vassoio dell'essicatore e le carote su di un altro vassoio. Dopo che entrambe le verdure saranno secche (dopo circa 12 ore), toglierle e macinarle separatamente fino a ridurle in polvere fine.

PRESENTAZIONE: Su di un grande piatto da portata creare delle chiazze con la crema verde e arancione. Con un cucchiaio creare delle basi con il ripieno dei tortellini e su queste adagiare i tortellini, aggiungendo un po' di polvere arancio e verde. A parte servire una tazza di brodo di manzo caldo liscio.

Idee: Questa non solo è una ricetta innovativa per un piatto sloveno tradizionale, ma anche una ricetta „senza scarti", quindi se alla fine rimane ancora qualcosa, ecco alcuni suggerimenti • Tagliare gli avanzi di carne in fettine di 1 cm. In una padella scaldare un po' di burro e cuocere la carne su entrambi i lati per 1 minuto. Aggiustare di sale e pepe secondo il vostro gusto • Coprire e conservare in frigorifero i tortellini per 1 giorno, oppure congelarli in un solo strato. Quando sono duri come pietre, trasferirli in un sacchetto di plastica e tenerli in congelatore per un massimo di 6 settimane. • Il brodo può essere conservato in frigorifero per massimo 3 giorni. Nell'avanzo di brodo di manzo ricco di collagene si può cuocere la pasta per alcuni minuti. In alternativa si può versare nel brodo in ebollizione un uovo sbattuto. Il brodo può essere ovviamente utilizzato anche per la preparazione di diverse salse.

Gin Tonic al cucchiaio al profumo di ginepro

PREPARAZIONE: Mettere l'agar agar (oppure la gelatina) nel Gin Tonic. La schiuma che si crea mescolando deve essere rimossa con un cucchiaio, così la gelatina sarà più trasparente. Mettere in frigorifero per farla diventare solida.

PRESENTAZIONE: Mettere in fondo al bicchiere pezzetti di gelatina, su di essi il gelato al limone, poi altri pezzetti di gelatina. Cospargere con la buccia di limone disidratata che viene fatta seccare nell'essicatoio per la frutta. Se si desidera creare anche un effetto visivo e stimolare l'olfatto, cucinare le bacche di ginepro schiacciate in 1 l di acqua bollente. Così si ottiene un „brodo" al profumo di ginepro. Mettere il ghiaccio secco su di un piatto di metallo (un piatto di ceramica potrebbe rompersi) e coprirlo con l'acqua al ginepro bollente.

INGREDIENTI per 4 persone

Per il brodo di manzo:
- *Carne di manzo magra, preferibilmente coscia 1,5 kg*
- *2 ossi (facoltativo) • 1 cipolla*
- *4 carote arancioni • 2 radici di prezzemolo con le foglie*
- *1 grande sedano rapa con foglie (o 2 piccoli) • 1 pomodoro maturo*
- *1 cucchiaino di sale (secondo i propri gusti) • 3 l d'acqua*

Per la pasta dei tortellini:
- *Farina di grano tenero 250 gr*
- *4 uova*
- *Sale e pepe (secondo il proprio gusto, facoltativo)*

Per il ripieno dei tortellini:
- *½ del manzo lessato*
- *1/3 delle verdure cucinate nel brodo*

Per la crema di prezzemolo:
- *Una parte del prezzemolo lessato e qualche gambo di sedano*
- *1 cucchiaino di brodo di manzo*

Per la crema di carote:
- *1 carota*
- *1 cucchiaino di brodo di manzo*

Per la polvere di prezzemolo:
- *Foglie di prezzemolo cotto*

Per la polvere di carote:
- *1 carota lessa tagliata a dadini*

Gin Tonic al cucchiaio al profumo di ginepro per 6 persone

- *Gin 2 dl*
- *Acqua tonica (FeverTree) 6 dl*
- *Gelato al limone 1 kg*
- *Ghiaccio secco (tritato) 1 kg*
- *Agar agar 4 gr oppure 5 fogli di gelatina*
- *Una manciata di bacche di ginepro*
- *Scorza di limone grattugiata secca*

Un innaffiatoio per fiori (in metallo), un recipiente piatto in metallo

Tomaž Kavčič | GOSTILNA PRI LOJZETU

Domač kruh in hrenov namaz (hišna tradicija)

Sveže pečen domač kruh se vedno lomi z rokami, skupaj s hrenovim namazom je v gostilni „Pri Lojzetu" to prvi pozdrav gostu.

„Riž ne riž" z okusom postrvi, dehidriranim paradižnikom, korenjem in peteršiljem v prahu

Priprava: File čim večje postrvi (800 do 1000 g) pustimo 24 ur pod mešanico dimljene soli in sladkorja, nato ga odimimo in narežemo na manjše koščke. Dodamo kuhan krompir, maslo in beljak ter zmiksamo. S tem napolnimo aparat za pripravo smetane (sifon) in naredimo kremo.
(Surov) gomolj zelene očistimo in ročno narežemo na koščke velikosti riževega zrna. Kuhamo 25 minut v ribji jušni osnovi, narejeni iz preostalih delov postrvi (glava, rep).

SERVIRANJE: peno iz postrvi nabrizgamo na krožnik, na sredino damo riž iz zelene in posujemo z dehidriranim peteršiljem, paradižnikom in korenjem v prahu.

Goveja juha:
Čebulo olupimo, prerežemo na pol, obe polovici popečemo 20 sekund. Vse sestavine (govedino in zelenjavo – vključno s popečeno čebulo) damo v širok lonec in dodamo 3 litra ledeno mrzle vode. Zavremo in nato zmanjšamo ogenj. Kuhamo v pokritem loncu na nizkem ognju dokler se govedina ne omehča, po približno 2-3 urah, najbolje po 5-6 urah. 5 minut pred koncem dodamo sol. Ko je juha kuhana in meso mehko, juho precedimo.

Testo za torteline:

Moko presejemo na široko desko, najbolje leseno. V moki naredimo jamico, v katero ubijemo 4 jajca. Jajca na rahlo stepemo z vilicami in jim postopoma dodajamo moko. Testo mesimo dokler ne postane gladko in prožno, oblikujemo kepo, jo zavijemo v platično folijo in položimo v keramično posodo. Kepo postavimo v hladilnik vsaj 30 minut preden jo razvaljamo. Desko in valjar posujemo z moko in nanjo položimo testo. Testo na rahlo pregnetemo ter ga na tenko razvaljamo. Prava velikost pravokotnikov za domače tortelline je 3,5 cm. Na sredino vsakega pravokotnika položimo za grah velik kupček nadeva, nato prepognemo pravokotnik, da dobimo trikotnik. Torteline oblikujemo tako, da trikotnike zavijemo, sklenemo vogalčke in ju s suhimi prsti stisnemo skupaj. Na ta način dobimo tipično obliko tortelinov. Del goveje juhe pogrejemo, ko zavre vanjo stresemo torteline. Ko so tortelini kuhani (približno 3-4 minute), jih s penovko poberemo iz juhe, otresemo in postavimo na krožnik.

Nadev za torteline:

V skledo multipraktika stresemo del kuhanega mesa in zelenjave. Zmešamo, poskusimo in po potrebi dodamo sol in poper. Multipraktik večkrat zaženemo, dokler ne dobimo gladke zmesi. Polovico nadeva pokrijemo in postavimo v hladilnik, do uporabe. Preostanek položimo na krožnik, pod vsak tortelin.

Peteršiljeva in korenčkova krema:

Del kuhanega peteršilja zmiksamo skupaj s steblom zelene in žlico goveje juhe, dokler ne dobimo gladke zmesi.

Peteršiljev in korenčkov prah:

Peteršiljeve liste položimo na en pladenj sušilnika, korenček na drugi. Ko sta obe zelenjavi posušeni (približno 12 ur), ju vzamemo iz sušilnika in vsako posebej zmeljemo v prah.

SERVIRANJE:

Na širokem servirnem krožniku naredimo nekaj madežev iz zelene in oranžne kreme. Z žlico porazdelimo nekaj nadeva za torteline, na katerega položimo torteline in posujemo z zelenim in oranžnim prahom. V skodelici postrežemo bistro vročo govejo juho.

Namigi: To ni samo inovativen recept za tradicionalno slovensko jed, ampak tudi recept brez potrate. Torej, če vam na koncu še kaj ostane, tukaj je nekaj predlogov:
- Ostanke mesa zrežite na 1 cm tenke rezine. V ponvi segrejte maslo in popecite meso 1 minuto na vsaki strani. Dodajte sol in poper po vašem okusu.
- Preostale torteline pokrijte in jih hranite v hladilniku največ en dan ali pa jih zamrznite . Ko se strdijo, jih položite v plastično vrečko in zamrznite do 6 tednov.
- Juho lahko hranite v hladilniku največ 3 dni. V preostalo bistro govejo juho lahko dodate rezance in jih kuhate nekaj minut. Druga možnost je jajce, ki ga vmešate v vrelo juho. Juho seveda lahko uporabimo tudi za druge omake.

Gin tonik na žlico z vonjem po brinju

PRIPRAVA:
V gin in tonik vmešamo agar (ali želatino). Med mešanjem se ustvari pena, ki jo z žlico odstranimo, da je želatina bolj prozorna. Postavimo v hladilnik, da se strdi.

SERVIRANJE:
Na dno kozarca damo koščke želatine, nanje položimo limonov sladoled, nanj pa spet koščke želatine. Posujemo z dehidrirano nastrgano limonino lupino, ki jo pripravimo tako, da nastrgano limonino lupino posušimo v dehidratorju (sušilniku za sadje).
Če želimo ustvariti tudi vizualni efekt in zbuditi vohalne brbončice, skuhamo pretlačene brinove jagode v 1 litru vrele vode. Tako dobimo „juho" z vonjem po brinju. Suhi led damo v nizko kovinsko posodo (keramična lahko poči) in ga prelijemo z vrelo brinjevo vodo.
*krajši opis prepuščam Tebi – izlušči bistvo in da je besedilo skladno s fotografijami.

SESTAVINE za 4 osebe:

Za govejo juho:
- *1,5 kg puste govedine, najbolje bočnik (večji kos)*
- *2 kosti (poljubno)*
- *1 čebula*
- *4 oranžni korenčki*
- *2 peteršiljevi korenini z listi*
- *1 velika gomoljna zelena z listi (ali dve manjši)*
- *1 zreli paradižnik*
- *1 čajna žlička soli (po lastnem okusu)*
- *3 l vode*

Za testo za torteline:
- *250 g večnamenske moke*
- *4 jajca*
- *sol in poper (po želji)*

Za nadev:
- *½ kuhane govedine*
- *1/3 kuhane jušne zelenjave*

Za peteršiljevo kremo:
- *Del kuhanega peteršilja in stebla zelene*
- *1 čajna žlička goveje juhe*

Za korenčkovo kremo:
- *1 korenček*
- *1 čajna žlička goveje juhe*

Peteršiljev prah:
- *par kuhanih listov peteršilja*

Korenčkov prah:
- *1 kuhan korenček, narezan na majhne koščke*

Gin tonik na žlico z vonjem po brinju
Sestavine za 6 oseb:

- *2 dl gina*
- *6 dl tonika (Fever tree)*
- *1 kg limonovega sladoleda*
- *1 kg suhega ledu (zdrobljenega)*
- *4 g agar agar ali 5 listov želatine pest brinovih jagod izsušena nastrgana limonina lupina (Kovinski) zalivalnik za rože, plitva kovinska posoda*

Golden Ring: Der Käse, der aus der Kaverne kommt.

von Sašo Dravinev

Sinji vrh ist eine zirka 1000 Meter hohe Anhöhe auf den südlichen Böschungen des Trnowaner Walds (slow. Trnovski gozd) in Südwestslowenien. Unter Sinji vrh befindet sich ein Gasthaus mit demselben Namen. Von dessen Schwelle hat man bei schönem Wetter einen atemberaubenden Ausblick auf das Vipava-Tal, das gesamte Karstgebiet und den Golf von Triest, mit Istrien auf einer und der Friaul-Region auf der anderen Seite. Wenn die Luft kristallklar ist, kann ein Adlerauge sogar den Glockenturm des Markusdoms in Venedig erspähen.

Sinji vrh bietet Malerkolonien schon mehr als ein Vierteljahrhundert eine freundliche Bleibe. In den letzten Jahren wird das Gasthaus auch im Ausland immer bekannter, was es seinem erstklassigen Boutique-Käse Golden Ring zu verdanken hat. Hergestellt wird dieser von Kristjan Vidmar, dem Eigentümer von Sinji vrh, und dem Künstler David Ličen aus Ajdovščina.

Deren Geschichte ist bei Weitem keine der klassischen Käserei. Vidmar und Ličen sind keine Bauern und haben keine Kühe. Die Milch kaufen sie von den Bauern der Hochebene, sie selbst aber sorgen in der Käserei für deren Verarbeitung zu schmackhaften Käsesorten. Diese unterscheiden sich sehr von den traditionellen Erzeugnissen in den Orten hoch über dem Vipava-Tal, dem halbfesten Schnittkäse und Quark.

Golden Ring: Der Käse, der aus der Kaverne kommt.

Kristjan und David haben ihr Vorbild anderswo gefunden und sich für einen kurvigen, aber äußerst pittoresken Käseweg entschieden.

Bei der Herstellung ihrer Käsemarke Golden Ring haben sich die beiden Meister von Großbritannien und Frankreich inspirieren lassen, und setzen dem eine unverwechselbare Unterschrift der heimischen Orte hinzu. Jede Käseserie ist eine neue Lernerfahrung und gleichzeitig ein neuer Versuch, die vorige zu übertreffen. Und nicht nur das, sie reifen ihren Käse auf unterschiedliche Weise und für unterschiedliche Zeit, weshalb sie jedes Mal aufgeregt sind, wenn sie einen neuen Laib anschneiden. Auch die Reifekammern sind etwas sehr Besonderes. Es handelt sich dabei um gigantische Wasserreservoire, die sich einige zehn Meter unter der Oberfläche befinden, aber nie in Gebrauch waren. Sie wurden in den Dreißigerjahren des vorigen Jahrhunderts vom italienischen Militär gebaut, um mit dem Wasser, das sie aus dem Vipava-Tal gepumpt hätten, die Orte im Karstgebiet an der damaligen Rapallo-Grenze zum jugoslawischen Königreich zu versorgen. Die Temperatur ist in den dunkeln unterirdischen Räumen das ganze Jahr über gleich und die Feuchtigkeit sehr hoch.

David Ličen ist besonders begeistert von der Herstellungstechnik des britischen Cheddar, die er auf Sinji vrh bei der Herstellung seines Vipava-Valley-Käses benutzt. Dieser reift in Baumwollgewebe gewickelt, was für einen angemessenen Feuchtigkeitsaustausch sorgt. Soft Valley ist ein weicher Streichkäse, Blue Valley nimmt sich den französischen Roquefort zum Vorbild, mit dem er den Blauschimmel und das Reifen unter der Erde gemeinsam hat. Einige Käsesorten werden beim Reifen in Kräuter gewickelt, Trauben- oder Feigenblätter, um das Aroma anzunehmen. Black Widow ist wegen des Zusatzes von Kohle schwarz, mit Kohle wird auch der Käsequark bestreut, der in einem Gewebe reift, das in Schweineschmalz getränkt wurde. Einen ganz besonderen Käse aber haben Kristjan und David gemeinsam mit dem exzellenten Kochmeister Tomaž Kavčič aus dem Gasthaus „Beim Lojze“ im Schloss Zemono (1* Michelin) entwickelt. Während der Herstellung wird der Käsemasse aromatisches Wacholderöl hinzugefügt bzw. wird der Käse mit Wacholderpesto bestrichen. Damit bekommt der Käse ein unverwechselbares Aroma, charakteristisch für das Karstgebiet und das Vipava-Tal, was Kavčič' eigenes Wahrzeichen ist.

Den Golden-Ring-Käse sollte man am besten in Sinji vrh verkosten. Kristjan Vidmar fügt dem Käse eine passende Obst- und Kräuterbeilage hinzu und natürlich einen harmonierenden Wein. Die Liste der Gasthäuser, die deren Käse anbieten, wird immer länger, sowohl in Slowenien als auch in breiterer Region, die Käselaibe pilgern aus Sinji vrh sogar nach Kärnten und in andere österreichische Bundesländer.

Golden Ring: Il formaggio che esce dalla caverna.

di Sašo Dravinec

Il Sinji Vrh è un monte alto un po' più di 1000 metri sulle pendici meridionali della Selva di Tarnova (Trnovski gozd), nella parte sud-occidentale della Slovenia. Sotto la cima del monte si trova un'osteria che porta lo stesso nome. Da lì con il bel tempo si estende una vista mozzafiato sulla valle del Vipava che sta sotto, sul Carso e su tutto il golfo di Trieste con l'Istria da un lato e il Friuli dall'altro. Quando l'aria è davvero tersa un occhio acuto percepisce anche il campanile di San Marco di Venezia.

Già da oltre un quarto di secolo il Sinji Vrh fa da gentile dimora a simposi di pittura, negli ultimi anni invece si è iniziato a parlarne nel mondo anche grazie a degli eccezionali formaggi di alta qualità. Vengono prodotti dal padrone del Sinji Vrh Kristjan Vidmar e dall'artista David Ličen di Ajdovščina, che hanno dato loro il nome di Golden Ring.

Non è affatto una storia casearia classica. Vidmar e Ličen non sono contadini e non hanno mucche. Comperano il latte dai contadini dell'altipiano e nel proprio caseificio creano svariati formaggi. Sono completamente diversi dai prodotti tradizionali delle zone montane sopra la valle del Vipava, dei formaggi semistagionati e della ricotta. Kristjan e David hanno cercato ispirazione altrove e hanno deciso di intraprendere un percorso caseario tortuoso ma molto pittoresco.

Per produrre i formaggi Golden Ring i maestri si sono appoggiati ai metodi usati in Gran Bretagna e in Francia, aggiungendo l'inconfondibile firma del proprio territorio. Ogni lotto di formaggi per loro è una nuova esperienza di studio e un nuovo tentativo di superare quello precedente. E non solo: fanno stagionare i formaggi in modi e per periodi diversi, perciò ogni qual volta tagliano una nuova forma di formaggio c'è un momento di eccitazione. Anche il luogo di stagionatura dei formaggi è molto particolare. Si tratta di enormi serbatoi d'acqua che si trovano ad alcune decine di metri sotto la superficie terrena, che non erano mai stati utilizzati. Furono costruiti dall'esercito italiano negli anni trenta del secolo scorso per portare l'acqua della valle del Vipava nelle zone del carso sul confine di Rapallo con il Regno di Jugoslavia. In questi spazi bui sotto terra la temperatura si mantiene uguale per tutto l'anno e l'umidità è molto alta.

David Ličen è particolarmente entusiasta della tecnica di produzione del formaggio inglese cheddar, adottata sul Sinji Vrh per stagionare il formaggio Vipava Valley. Viene fatto maturare avvolto in un telo di cotone che assiccura il giusto ricambio di umidità. Soft Valley è un formaggio molle, spalmabile, Blue Valley invece prende esempio dal roquefort francese, con il quale hanno in comune la nobile muffa blu e la stagionatura sotto terra.

„Anche il luogo di stagionatura dei formaggi è molto particolare. Si tratta di enormi serbatoi d'acqua..."

Alcuni formaggi vengono fatti stagionare avvolti in erbe officinali, foglie di vite o di fico, che danno loro aromi diversi. Black Widow è scuro per l'aggiunta di carbone e con il carbone viene spolverata anche la ricotta che viene fatta maturare in un tessuto intriso di strutto di maiale. Kristian e David hanno sviluppato un formaggio molto particolare anche assieme allo chef Tomaž Kavčič della Gostilna pri Lojzetu (Osteria da Lojze) al palazzo di Zemono (1 stella Michelin). Durante la lavorazione aggiungono alla massa olio aromatizzato al ginepro, oppure spalmano il formaggio di pesto al ginepro. Così si ottiene l'inconfondibile aroma caratteristico del Carso e della Valle del Vipava, un particolare segno distintivo di Kavčič.

Il modo migliore per degustare i formaggi Golden Ring è sul Sinji Vrh. Kristjan Vidmar li accompagna con frutta e erbe e ovviamente li abbina a vari vini. Ma il giro di ristoranti che offrono i loro formaggi si sta allargando velocemente, in Slovenia e più lontano. Tra l'altro le forme di formaggio del Sinji Vrh migrano anche in Carinzia e in altre regioni dell'Austria.

Golden Ring: Sir iz kaverne

(Sinji Vrh)

Sašo Dravinev

> *„Še zdaleč ne gre za klasično sirarsko zgodbo. Vidmar in Ličen nista kmeta in nimata krav. Mleko kupujeta pri kmetih na planoti, sama pa poskrbita, da ga v sirarni predelata v različne sire."*

Sinji Vrh je malenkost več kot 1000 metrov visoka vzpetina na južnih obronkih Trnovskega gozda v jugozahodni Sloveniji. Pod vrhom Sinjega Vrha stoji gostišče z enakim imenom. Z njegovega praga je ob lepem vremenu dih jemajoč pogled na Vipavsko dolino pod njim, na celoten Kras in na ves Tržaški zaliv z Istro na eni in Furlanijo na drugi strani. Ko je ozračje zares čisto, sokolje oko zazna tudi zvonik cerkve sv. Marka v Benetkah.

Sinji Vrh je že več kot četrt stoletja prijazen dom slikarskim kolonijam, zadnja leta pa glas o njem daleč v svet odnašajo vrhunski butični siri. Pridelujeta jih gospodar na Sinjem Vrhu Kristijan Vidmar in umetnik David Ličen iz Ajdovščine, poimenovala pa sta jih Golden Ring.

Še zdaleč ne gre za klasično sirarsko zgodbo. Vidmar in Ličen nista kmeta in nimata krav. Mleko kupujeta pri kmetih na planoti, sama pa poskrbita, da ga v sirarni predelata v različne sire. Ti so povsem drugačni od tradicionalnih pridelkov v krajih visoko nad Vipavsko dolino, poltrdih sirov in skute. Kristijan in David sta zglede poiskala drugje in se odločila za zavito, a zelo slikovito sirarsko pot. Pri izdelavi sirov Golden Ring sta mojstra poiskala navdih v Veliki Britaniji in v Franciji, dodajata pa jim nezgrešljiv podpis domačih krajev. Vsaka serija sirov je zanju nova učna izkušnja in nov poskus preseči prejšnjo. Pa ne le to: sire zorita na različne načine in različno dolgo, zato sta vznemirjena vsakič, ko zarežeta v nov hlebec. Tudi zorilnica je zelo posebna. Gre za velikanske vodne rezervoarje nekaj deset metrov pod površjem, ki pa nikoli niso bili v uporabi. Zgradila jih je italijanska vojska v tridesetih letih prejšnjega stoletja, da bi z vodo, načrpano iz Vipavske doline, oskrbovali kraje na kraškem svetu ob tedanji rapalski meji s Kraljevino Jugoslavijo. V temnih podzemnih prostorih je vse leto enaka temperatura in zelo visoka vlaga. David Ličen se posebej navdušuje nad tehniko pridelave britanskega sira cheddar, ki jo na Sinjem vrhu uporabljajo pri siru Vipava Valley. Zori odet v bombažno tkanino, ki poskrbi za ustrezno izmenjavo vlage. Soft Valley je mehak, mazljiv sir, Blue Valley pa se zgleduje po francoskem roquefortu, s katerim imata skupno plemenito modro plesen in zorenje pod zemljo. Nekateri siri so za zorenje odeti v zelišča, liste vinske trte ali fig, da se navzamejo arom. Black Widow je temen zaradi dodanega oglja, z ogljem posipajo tudi sirarsko skuto, ki jo zorijo ovito v tkanino, namočeno v svinjsko mast.

Prav poseben sir pa sta Kristijan in David razvila z vrhunskim kuharskim mojstrom Tomažem Kavčičem iz Gostilne Pri Lojzetu na dvorcu Zemono (1* Michelin). Med izdelavo v maso dodajo aromatično brinjevo olje oziroma sir premažejo z brinovim pestom. Tako dobi nezgrešljivo aromo, značilno za Kras in Vipavsko dolino, ki je svojevrsten Kavčičev zaščitni znak.

Sire Golden Ring je najbolje okušati na Sinjem Vrhu. Kristijan Vidmar jim doda sadno in zeliščno spr emljavo ter seveda ujemajoča se vina. A se krog gostiln, kjer ponudijo njihove sire, hitro širi, tako po Sloveniji kot v širši regiji, med drugim romajo hlebci sira s Sinjega Vrha tudi na Koroško in v druge avstrijske dežele.

PRODUZENTEN 2019 | *I PRODUTTORI* | *PRIDELOVALCI*

VOLLKORNBÄCKEREI SOMMER

Ein Pionier der Brotbackkunst – vom Sauerteig bis zum fertigen Brot sowie leckere Backwaren aus „vollem" Kärntner Korn werden hier produziert.

VOLLKORNBÄCKEREI SOMMER
Villacher Str. 7, 9020 Klagenfurt

CIOCCOLATERIA VENEZIANA

Schokolade in allen Geschmacksrichtungen: Aufstriche, Pralinen in verschiedensten Formen, Früchte mit Schokolade überzogen.

CIOCCOLATERIA VENEZIANA
via Chiesanuova, 91 30027 S. Doná di Piave (VE) , amministrazione@cioccolateriaveneziana.it
www.cioccolateriaveneziana.it

AGRICOLA TRINCA

Prosecco DOC Treviso Millesimato, ein spritziger Schaumwein, vielseitig, harmonisch und elegant, mit dem Duft von Blumen und hellen Früchten.

SOCIETÁ AGRICOLA TRINCA DI TRINCA NICOLA & C. S.A.S.
Piazza San Rocco n. 6
31020 Sernaglia della Battaglia (TV)
info@trincavino.com
www.trincavino.com

GAMEAT

Schinken, Salami verschiedenster Art, unter anderem von Wildschwein, Hirsch, Truthahn, Reh, Gans, Ente und Büffel. Carpaccio von Hirsch, Gans und Rind.

GAMEAT S.R.L.
via principale, 37 – Fraz. Pozzalis
33030 Rive d´Arcano (UD)
info@gameat.eu
www.gameat.eu

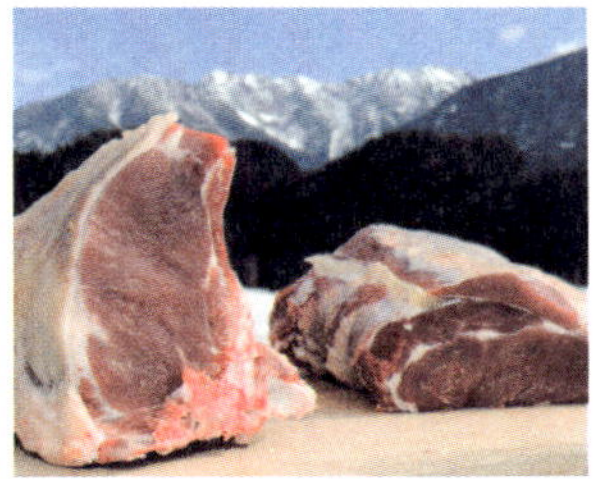

PETEKHOF

Die Liebe zum Angusrind zeichnet den Familienbauernhof an der Südseite der Sattnitzberge aus.

PETEKHOF
Kossiach 5, 9065 Ebenthal
info@petekhof.at
www.petekhof.at

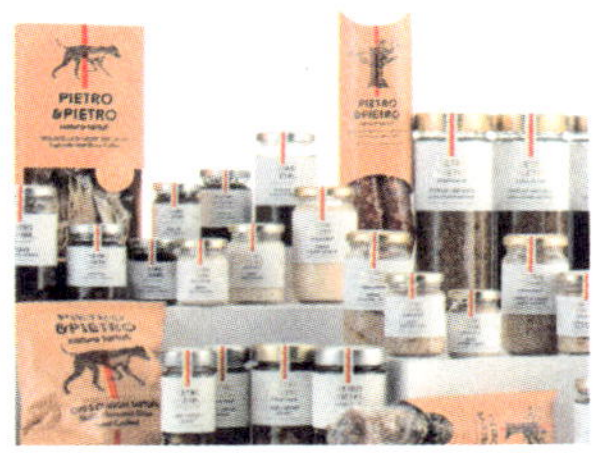

PIETRO & PIETRO

Hier dreht sich alles um das Thema Trüffel. Es wird eine Auswahl an verschiedensten Trüffel-Spezialitäten angeboten.

PIETRO&PIETRO
Ödweg 6, 6500 Landeck
info@suwine.at
suwine.at

BIOHOF HUDL-SCHMAUTZER

Hohes Qualitätsbewusstsein zeichnet die zahlreichen prämierten Öle (Leinöl, Camelina-Dotteröl, Hanföl) des Biohofs Hudl-Schmautzer aus Eberndorf aus.

BIOHOF HUDL-SCHMAUTZER
Gablern/Lovanke 18
9141 Eberndorf

PIETRO & PIETRO APICOLTURA PIOVESAN

Erzeugung von diversen Honigsorten wie Bioakazie, Kastanie, Linde, Orangenhonig, Eukalyptus extrahiert und gefiltert. Ohne Wärmebehandlungen.

APICOLTURA PIOVESAN
via Carobbo, 4, 31030 Borso del Grappa (TV)
apicolturapiovesan@libero.it
www.apicolturapiovesan.wixsite.com/apicolturapiovesan

PRODUZENTEN 2019 | *I PRODUTTORI* | *PRIDELOVALCI*

LA BOTTEGA DI SAPPADA

Die Spezialisten bei der Produktsuche, der Reifung und dem Verkauf von Almkäse, geräucherten Wurstspezialitäten, Pilzen, Kräutern, Grappa und Honig aus den östlichen Dolomiten.

LA BOTTEGA DI SAPPADA
Borgata Palú, n. 90, 32047 Sappada (BL)
info@labottegadisappada.com
www.labottegadisappada.com

RESSEL PIVOVARNA

Ressel Pivovarna ist nach dem Erfinder Josef Ressel benannt. Mit Know-how und modernem Equipment werde unterschiedlichste Craft-Beer-Sorten gebraut.

RESSEL PIVOVARNA
Slivje 2, 8312 Podbočje
samo@pivo-ressel.si
pivo-ressel.si

OTTINGERHOF

Kleines Gemüse mit großer Wirkung. Frische, nährstoffreiche Gemüse-Keimlinge und vitalisierender Weizen- & Gerstengrassaft vom Biohof.

OTTINGERHOF-BIO KEIMGENUSS
Brucknerw. 15
9546 Bad Kleinkirchheim
info@ottingerhof.at
www.ottingerhof.at

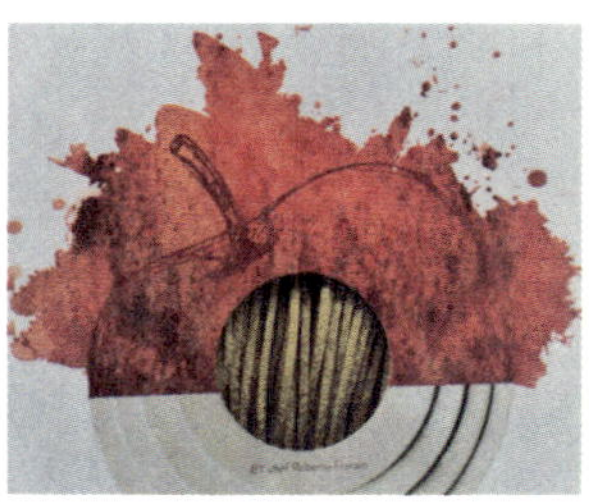

MACINO

Mehl, Teigwaren und Grissini aus Zutaten von landwirtschaftlichen Betrieben dieser Gegend, basierend auf einem Nachhaltigkeitsprojekt in allen Stufen der Produktionskette.

MACINO – FOOD AND COUNSELLING DI FRANZIN ROBERTO
Via Ippolito Nievo, 6/C, 33051 Aquileia
info@macino.shop
www.macino.net

AZIENDA TUL

Anbau und Herstellung eines sortenreinen Öls aus Bianchera-Oliven von mittel- bis intensiv-fruchtigem, bitter-pikantem Geschmack.

AZIENDA TUL DI TUL MILAN
Caresana 15, 34018 Dolina (TR)
tuloil2015@gmail.com
www.tuloil.com

VANJA

Leidenschaftlicher, preisgekrönter Olivenbauer oberhalb von Izola, der sehr viel Wert auf die Spitzenqualität seiner Produkte legt.

VANJA DUJC.
Dolga Reber 4, 6000 Koper
vanjadujc@siol.net
www.vanjadujc.net

LUCIFER CHOCOLATE

Schokoladegenuss für verwöhnte Seelen. In der Schokoladenmanufaktur im slowenischen Velenje werden seit 2007 alle Produkte handgefertigt.

LUCIFER CHOCOLATE
Šaleška cesta 19a, 3320 Velenje
choco@lucifer-chocolate.si
www.lucifer-chocolate.si

TERRA MATER

Premium-Ursäfte: Heidelbeere, Kirsche, Marille, Preiselbeere. Verwendet werden nur genussreife Früchte höchster Qualität ohne Geschmackstoffe.

TERRA MATER
Waldrandg. 16, 9020 Klagenfurt
office@terramaterproducts.com
www.terramaterproducts.com

FRATELLI BILLO

Produktion von Wurstwaren nach alter venezianischer Tradition unter geringem Zusatz von Konservierungsstoffen.

FRATELLI BILLO
via Bindoletta, 49, 35040 Merlara (PD)
info@fratellibillo.it
www.fratellibillo.com

BIOHOF HANZMANN

Kleiner Bio-Bauernhof am Klopeiner See, spezialisiert auf Ziegen-Produkte. Erzeugnisse wie Joghurt, Weich- und Grillkäse und auch Ziegenleberkäse.

BIOHOF HANZMANN
Horzach I/8, 9122 St. Kanzian
claudia.czetina@gmx.at

FATTORIA ZOFF

Natürliche Rinderzucht der italienische Rasse Pezzata. Erzeugung von Produkten mit Betacasein A2, Panna Cotta und Joghurt.

FATTORIA ZOFF
via Parini, 18, 34071 Cormons (GO)
info@borgdaocjs.it
www.borgdaocjs.it

CAFFÈ MATTEONI

Auslese, Röstung und Mischung von Bohnen aus Mittel- und Südamerika, Afrika und Asien. Mischungen: stark, mild-aromatisch, sanft-delikat

TORREFAZIONE CAFFÉ MATTIONI S.R.L.
via III Armata, 133, 34170 Gorizia
info@caffemattioni.it
www.caffemattioni.it

KMETIJA DVORNIK

Der Dvornik-Hof ist ein familiengeführter Biobauernhof. Mehrfach prämiert für Apfelsaft- und Mosterzeugnisse.

KMETIJA DVORNIK
Šentanel, 2391 Prevalje
erika.smolak@gmail.com
www.kmetija-dvornik.si

VERONELLI OLIVENÖLE

Heinrich Zehetner, Österreichs führender Olivenölexperte, präsentiert die besten Olivenöle aus der Alpen-Adria-Region – aus Istrien und Norditalien.

VERONELLI OLIVENÖLE
Am Hilfberg 17, 5310 Mondsee
info@veronelli-olivenoele.com
www.veronelli-olivenoele.com

PRODUZENTEN 2019–2020 | *I PRODUTTORI* | *PRIDELOVALCI*

DRUŽINSKA POSEST ČOK

Das Familienanwesen Čok beschäftigt sich in Istrien seit mehr als hundert Jahren mit der Landwirtschaft, dem Wein- und Olivenanbau und der Destillerie.

DRUŽINSKA POSEST ČOK
Kovaciceva Ulica 11, Plavje/Koper
info@cok.si, www.cok.si

TOURISMUS BRDA

Goriška Brda, ein Paradies für Aktiv-Urlauber. Die Region bietet ausgezeichnete Weine, vielfältige Obst- und Gemüseauswahl, herausragende Produzenten und Köche.

TOURISMUS BRDA
Šmartno 13, 5211 Kojsko
tic@brda.si, www.brda.si/deu

NATURBRENNEREI KUENZ

Die Kuenz Naturbrennerei, ein Familienbetrieb in 12. Generation, ist seit vielen Jahren bekannt, Destillate auf höchstem Niveau zu erzeugen.

NATURBRENNEREI KUENZ
Gödnach 2, 9991 Dölsach
info@kuenz-schnaps.at
www.kuenz-schnaps.at

PFAU BRENNEREI

Edelbrennerei aus Kärnten mit 100 % Qualitäts-Denken. Destilliert wird im Rauh- und Feinbrandverfahren ausschließlich im Kupferkessel.

PFAU BRENNEREI GMBH
Valentin Latschen
Schleppe-Platz 1, 9020 Klagenfurt
info@pfau.at, www.pfau.at

WEINBAU WALTL / MAHLER ARTISAN BREWERY

Die Mahler Artisan Brewery ist eine kleine lokale Brauerei, die vor allem auf Pale Ales spezialisiert ist. W2-Weinbau Waltl ist ein noch junges Bioweingut in Klagenfurt, das ausschließlich Weine aus PIWI Reben keltert.

www.weinbauwaltl.at
www.mahlerbeer.com

SCHLEPPE BRAUEREI

Die Schleppe Brauerei hat sich als Spezialitätenbrauerei positioniert und bietet ein hohes Maß an Individualität und Braukunst mit Leidenschaft.

SCHLEPPE BRAUEREI
Schleppe-Platz 1 A, 9020 Klagenfurt
schleppebrauerei@schleppe.at
www.schleppe.at

OKUSI POSAVJE

In der Region Posavje werden unzählige, herausragende Produkte mit authentischem Geschmack hergestellt. Die Produzenten zählen zur Spitze der slowenischen Gastronomie.

OKUSI POSAVJE
Cesta krških žrtev 46, 8270 Krško
info@cptkrsko.si, www.visitkrsko.com

DOBROTE DOLENJSKE

Dobrote Dolenjske vereint die besten Produkte aus Dolenjska und präsentiert sich mit lokalen und typischen Gerichten und Getränken der Region. Lokal. Hausgemacht. Dolenjska.

DOBROTE DOLENJSKE
Gubčeva cesta 1a, 8210 Trebnje
info@dobrote-dolenjske.si
www.dobrote-dolenjske.si

BIO-IMKEREI ALLESCH

Bio-Imkerei aus Reifnitz am Wörthersee. Gewinnung von Urprodukten wie Honig, Propolis, Blütenpollen und Bienenwachs von höchster Qualität.

BIO-IMKEREI ALLESCH
St. Anna St. 347, 9081Reifnitz
michael@allesch-honig.at
www.allesch-honig.at

KRÄUTERWERKSTATT

In der Kräuterwerkstatt werden Naturprodukte aus der Region wie Kräuteressenzen, Kräuterölen, Kräutersalzen veredelt.

KRÄUTERWERKSTATT MÜHLBODEN
Andreas Strohmeier,
Drautalstraße 30, 9710 Mühlboden
info@krtr.at, www.krtr.at

GARTENVIELFALT WILDHABER

Biogemüsegarten mit großer Vielfalt an Gemüse-, Obst- und Kräutersorten. Der Garten wird rein manuell bewirtschaftet mit Wildwuchsflächen.

GARTENVIELFALT WILDHABER
Schmieddorf 1, 9371 Brückl
garten.wildhaber@gmail.com
www.wildhaber-vielfaltsgarten.com

TARANGELA HIŠA SLAŠČIC

In der Konditorei Tarangela werden landestypische Süßspeisen z. B. „Pita" Gibanica und Cremschnitten nach alter Tradition produziert.

TARANGELA HIŠA SLAŠČIC
Martina Parpotnik, Cerutova ulica 1,
1000 Ljubljana, tarangela.hs@gmail.com
www.facebook.com/tarangela.hs

FALADUR VINOSA

Die Weinhandlung Faladur aus Ajdovščina bietet ausgesuchte Weine, unter anderem auch Orange-Weine aus dem Vipavatal an.

FALADUR VINOSA
Matej Lavrenčič, Lokarjev
drevored 8b, 5270 Ajdovščina,
info@faladur.si, www.faladur.si

ZAFFERANO SAN QUIRINO

Biologischer Anbau von Safran, dem ersten von Friaul-Julisch-Venetien, Getreide, Hülsenfrüchten und Mehlen. 150 Bienenstöcke für Akazien-, Millefiori- und Lindenhonig.

ZAFFERANO SAN QUIRINO
via C.Battisti 7a, 33080 San Quirino (PD)
info@zafferanosanquirino.com
www.zafferanosanquirino.com

KMETIJA PUSTOTNIK

Ausgezeichnete Käse von Kuh, Schaf und Ziege werden hier traditionell gefertigt. „Sir Kozovč" World Cheese Awards San Sebastian 2016 Silbermedaille.

KMETIJA PUSTOTNIK
Milan Brence, Poljanska cesta 19,
4224 Gorenja vas,
katarina.brence@kmetijapustotnik.si
www.kmetijapustotnik.si

AZIENDA AGRICOLA FALESCHINI LUIGI

Bio Anbau von Gemüse und zertifiziertem Obst. Bio Herstellung von Gemüse- und Obstkonserven, Sirupen, Gemüse in Öl und süßsaure, Obst- und Gemüsecremes.

AZIENDA AGRICOLA FALESCHINI LUIGI
Via Zardini n. 15, 33016 Pontebba (UD)
www.azagrfaleschini.valcanale.org

PRODUZENTEN 2019–2020 | *I PRODUTTORI* | *PRIDELOVALCI*

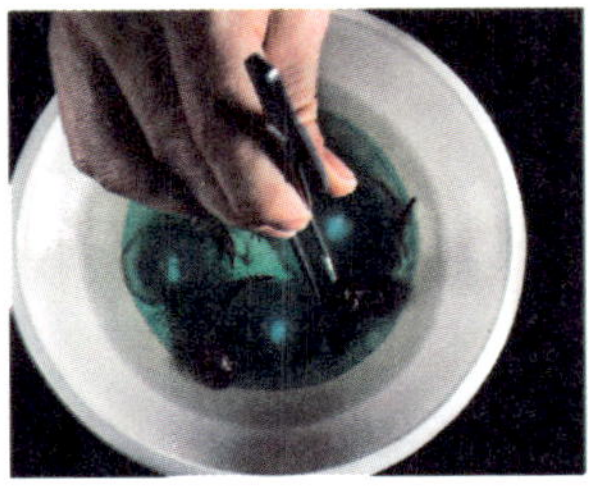

LABORATORIO DI CERAMICA ALESSIO MORAS

Künstlerische Keramik aus Steinzeug und Porzellan für die Gastronomie: Tafel- und Küchengeschirr, Töpfe, Kochplatten, Kachelöfen ...

LABORATORIO DI CERAMICA ALESSIO MORAS
Via Torricelli, 5/a,33080 Porcia (PN)
alessiomoras@gmail.com
www.alessiomoras.com

DELAMONT

Handwerkliches Möbelunternehmen, das einheimisches Massivholz, oxidiertes Eisen, Glas, Stein, Zement und sichtbares Schweißen verwendet.

DELAMONT S.N.C.
Piazza della Madonna, 10
33070 Polcenigo (PN)
info@delamont.it, www.delamont.it

SUWINE GENIUS TARTUFI

Hier dreht sich alles um das Thema Wein und Trüffel. Es wird eine Auswahl an verschiedensten Trüffel-Spezialitäten angeboten.

SUWINE GENIUS TARTUFI
Ödweg 6, 6500 Landeck
info@suwine.at
www.suwine.at

BAUERNHOF WANG

Schlögel, Rücken, Krone – nur das Beste vom Kärntner Lamm erzeugt und verarbeitet der Bauernhof Wang aus Ebenthal bei Klagenfurt.

BAUERNHOF WANG
Alexander Wang
Miegerer Str.129, 9065 Ebenthal
alexanderwang077@gmail.com

HOLZER – KÄRNTNER KNOBLAUCH

Der Kärntner Knoblauch aus dem Lavanttal zeichnet sich durch seinen Geschmack und seine Festigkeit aus.

HOLZER – KÄRNTNER KNOBLAUCH
Fam. Holzer, St. Margarethen 7,
9470 St. Paul im Lavanttal
info@holzer-austria.com
www.holzer-austria.com

SALANDA Schnecken aus bestem Haus

Salandas „Erste Kärntner Feinschneckerei" züchtet Weinbergschnecken in Krumpendorf. Ein nachhaltiges, eiweißreiches Alpen-Adria-„Slow food"-Produkt.

SALANDA
Komauerweg 16, 9201 Krumpendorf
hallo@schneckenausbestemhaus.at
www.schneckenausbestemhaus.at

KMETIJA NA RAVAN

Seit zwei Jahrzehnten werden hier am Bauernhof Na Ravan Milchprodukte auf natürliche und ökologische Weise ohne Konservierungsstoffe produziert.

KMETIJA NA RAVAN, Judita Demsar,
Cerkljanski vrh 24, 5282 Cerkno
ocanc.naravan@gmail.com
www.naravan.domaci-sir.si

EKO KMETIJA ŽGAJNAR

Am Bauernhof Žgajnar wird im Einklang mit der Natur gelebt. Neben einer breiten Palette an Bio-Milchprodukten werden frisches Bio-Rindfleisch sowie Bio-Fleischwaren von Krškopolje-Schweinen verkauft.

EKO KMETIJA ŽGAJNAR - BIO DOBROTE
Studenec 28, 6230 Postojna
info@kmetija-zgajnar.si
www.biodobrote.si

CUKRČEK – BENEDICT

Das Unternehmen Benedict „Cukrček" ist ein slowenisches Familienunternehmen, in dem innovative handgefertigte Schokoladenprodukte von höchster Qualität hergestellt werden.

CUKRČEK – BENEDICT
Trpinčeva 41a, 1000 Ljubljana
info@benedict.si, www.cukrcek.si

AZIENDA AGRICOLA CORTE TOMASIN

Mit einer Kultur von 5000 Olivenbäumen werden in der modernen Ölmühle 6 unterschiedliche Geschmacksrichtungen von extra nativem Olivenöl produziert.

AZIENDA AGRICOLA CORTE TOMASIN vicolo levada 7,
33050 Castions di Strada (UD)
www.olioextraverginefvg.it

AZIENDA AGRICOLA FIORE DEL NATISONE

Herstellung von Bio-Produkten: Safran, scharfer Pfeffer, Red Shiso (japanisches Basilikum), hausgemachte Dinkel-Fettuccine mit Safran.

AZIENDA AGRICOLA FIORE DEL NATISONE
via Nazionale 62-33046 Pulfero (UD)
www.fioredelnatisone.com

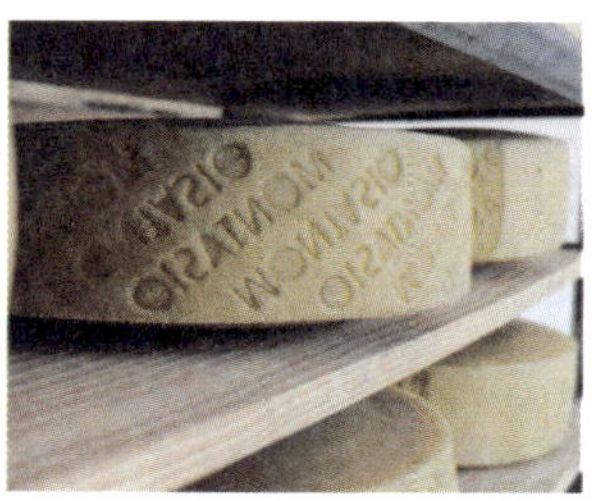

AZIENDA AGRICOLA LA SISILE

Montasio DOP und andere friulanische Käsesorten, Produkte mit geschlossenem Kreislauf mit Bio- und Latte Fieno STG-Zertifikat für traditionelle und nachhaltige Produkte.

AZIENDA AGRICOLA LA SISILE – LATTERIA BIOLOGICA FRIULANA
Via Montello 7, 33039 Turrida (UD)
info@latteriabiologicafriulana.it
www.latteriabiologicafriulana.it

VINOTEKA COLLI DI SAN FLORIANO

Vereinigung der Weinproduzenten von S.Floriano del Collio. Seit 2006 beteiligt an der Organisation und Förderung der jährlichen Veranstaltung LIKOF für typische lokale Produkte.

VINOTEKA COLLI DI SAN FLORIANO – ŠTEVERJANSKI GRIČI
Località Giasbana 31,
34070 San Floriano del Collio (GO)
info.vinoteka@gmail.com
www.vinoteka.org

FORELLENHOF JORDE

Heimischer Fisch wie Forellen, geräucherte Lachsforelle, Tatar, heiß geräucherter Saibling, Fischaufstriche, getrüffelter Kaviar u.v.m.

FORELLENHOF JORDE
Markus Jordan, Knopperweg 6,
9073 Viktring, mj@derjorde.com
www.derjorde.com

SILLEHOF

Die Produkte vom Sillehof stehen für höchste Qualität. Frisches Brot, Kuchen und Gebäck und auch prämiertes Kürbiskernöl, Walnussöl stehen zur Auswahl.

SILLEHOF
Stefan Karnitschnig, Sillebrücke 1,
9064 Magdalensberg
office@sillehof.com

CASTRA PIVOVARNA

Die Brauerei Castra ist eine Nanobrauerei mit einer Kapazität von maximal 50.000 Liter von höchster Qualität.

CASTRA PIVOVARNA
Ob Hublju 5, 5270 Ajdovščina
alan@castra.beer, www.castra.beer

PRODUZENTEN 2019–2020 | *I PRODUTTORI* | *PRIDELOVALCI*

BIRRIFICIO CASAMATTA

Craft-Beer-Brauerei von Enemonzo, Udine, ein Land mit spektakulären Landschaften, guten Menschen, die sich der Arbeit widmen und stark in Traditionen verwurzelt sind.

BIRRIFICIO ARTIGIANALE CASAMATTA
Via di Sotto 5, 33020 Enemonzo (UD)
birracasamatta@libero.it
www.birracasamatta.com

DOMAČIJA BUTUL

Unglaubliche Terrassengärten wo Weinreben, Oliven, Kräuter, Gemüse, Obst und Bienenvölker beheimatet sind. Weiterverarbeitung zu Wein, Öl, diversen Chutneys, Marmeladen und Honig.

DOMAČIJA BUTUL
Manžan 10D, 6000 Koper
butul@siol.net, www.butul.net

PAN & YODA

Das Craft Beer Pan&Yoda gehört zum Hotelrestaurant Da Febo, das eine Küche anbietet, die dank lokaler Produkte den Geschmack der Berge mit den Düften des Meeres verbindet.

PAN & YODA
Pecol 1/A, 33090 Tramonti di Sotto (PN)
info@paneyoda.com
www.facebook.com/paneyoda

ČEBRON

Das Weingut Čebron aus dem Vipavatal bietet hochwertige Weine. Sorgsam wird auch die autochthone Weinsorte „Zelen" gehegt und gepflegt.

ČEBRON, Cebron Dean,
Preserje 61a, 5295 Branik
dean.sp@siol.net, www.cebron.eu

KMETIJA HLEBEC

Die Familie Hlebec hat sich ganz dem Weinbau in der Region Kog/Jeruzalem verschrieben. Weine und hervorragender Kognac werden angeboten.

KMETIJA HLEBEC
Milan Hlebec, Kog 108, 2276 Kog
tkhlebec@gmail.com
www.hlebec-kog.com

GENUSSHOCHBURG UM RIEGERSBURG

Hauchdünn aufgeschnittener Vulcano-Schinken, beste Schokolade von Zotter und HANDS ON Gin von David Gölles werden präsentiert.

GENUSSHOCHBURG UM RIEGERSBURG 8333, Riegersburg 87
tourismus@riegersburg.com
www.riegersburg.com

LE RIVE DI BONATO

Weine aus dem Veneto und Friaul. Produktion von Weiß- und Rotweinen, sowie auch Grappa und Prosecco.

LE RIVE DI BONATO
Andrea Bonato
via Grave di Negrisia 50,
31047 Ponte di Piave (TV)
info@lerive.it, www.lerive.it

ANTICO CAFFÈ SAN MARCO

1914 gegründet und seit 2013 von Alexandros Delithanassis geleitet, ist es ein Bezugspunkt für eine kombinierte Erfahrung von Kaffee, Essen, Wein und Kultur.

ANTICO CAFFÈ SAN MARCO
Via Battisti 18/a, 34133 Trieste (TS)
info@caffesanmarco.com
www.caffesanmarco.com

WEINGUT KARNBURG

Vom Wein bis zum Edelbrand, vom Speck bis zur Marmelade. Alles was man braucht zum Gustieren und Genießen, und dies natürlich in höchster Qualität.

WEINGUT KARNBURG
Leiten 6, 9063 Klagenfurt
leiten@alpenspirit.eu, www.alpenspirit.eu

TENUTA COLOMBAR

Natives Olivenöl aus Colombar mit intensiver, fruchtiger bis würziger und bitterer Note.

TENUTA COLOMBAR
Luca Molinaro,
Piazza 4 novembre,
33030 Ragogna (UD)
www.facebook.com/aagricolaML

LANDWIRTSCHAFT PAULITSCH

Bäuerlicher Familienbetrieb, der sich schon seit Jahren mit Wasserbüffeln beschäftigt. Sehr gute und bekömmliche Fleischqualität.

LANDWIRTSCHAFT HANNES PAULITSCH
Leisboch 9, 9074 Keutschach
hannes-paulitsch@a1.net

BUFFET EVENT & GASTRONOMIE

Wo die Alpen nach Adria schmecken. Spezialitäten aus dem Alpen-Adria-Raum werden zubereitet und angeboten.

BUFFET EVENT & GASTRONOMIE
Oberboden 29, 9562 Himmelberg,
bevent.gastronomie@gmail.com,
www.b-event.at

CONSORZIO SAPPADA

Eine Organisation, die etwa 80 Betriebe in und um Sappada vertritt und ihre Tourismusprodukte in Italien und auf der ganzen Welt fördert und vermarktet.

CONSORZIO SAPPADA DOLOMITI TURISMO – SOCIETÀ CONSORTILE
Borgata Bach 41, 33012 Sappada (UD)
Info@sappadadolomiti.com
www.sappadadolomiti.com

GESAMTSTEIRISCHE VINOTHEK ST. ANNA AM AIGEN

Beeindruckt mit der ganzen Bandbreite der drei Weinanbaugebiete der Steiermark: dem Vulkanland Steiermark, der Südsteiermark und der Weststeiermark.

Marktstr. 6, 8354 St. Anna am Aigen
wein@gesamtsteirische-vinothek.at
www.gesamtsteirische-vinothek.at

OBČINA GORENJA VAS-POLJANE

Spezialitäten aus der Region Gorenja vas-Polane von unterschiedlichen Produzenten.

OBČINA GORENJA VAS-POLJANE
Poljanska cesta 87, 4224 Gorenja vas info@obcina-gvp.si
www.obcina-gvp.si

AZIENDA AGRICOLA F.LLI MOVIO

Anbau und Verkauf von Obst und Gemüse in der Ortschaft Fossalon di Grado.

AZIENDA AGRICOLA F.LLI MOVIO DI DANIEL E DEVID S.S
Via Isonzo vecchio n. 2,
34073 Fossalon di Grado (GO)
Fratellimovio@gmail.com
www.facebook.com/fratellimovio/

LOKALE 2019–2020 | LOCALI | LOKALI

RESTAURANT VILLA LIDO

Pizzeria Trattoria in der Ostbucht des Wörthersees gelegen. Typisch italienische Speisekarte und die Pizzen kommen frisch aus dem Holzofen.

RESTAURANT VILLA LIDO
Friedelstrand 1, 9020 Klagenfurt
office@villa-lido.at
www.villa-lido.at

RESTAURANT LAGUNA. SEEPARK HOTEL

Der Name ist Programm – direkt an der kleinen Lagune am Lendkanal: Spitzenküche mit hervorragenden Weinen. Top: gechillt brunchen!

RESTAURANT LAGUNA. SEEPARK HOTEL
Universitätsstr. 104, 9020 Klagenfurt
info@seeparkhotel.at
www.seeparkhotel.at/laguna

LANDHAUS PAPITSCH

Die gastronomische Ausrichtung im Landhaus Papitsch ist „Hausmannskost mit einem Schuss Mittelmeer". Großer Wert wird auf regionale Zutaten gelegt.

LANDHAUS PAPITSCH
Feschnigstraße 214, 9020 Klagenfurt
reservierung@papitsch.at
www.papitsch.at

CAFE BAR VINO

Nicht nur für Weinkenner: Das Vino am Pfarrplatz ist bekannt für seine Wein- und Kaffeespezialitäten in herausragender Qualität und sein Service.

CAFE BAR VINO
Pfarrplatz 5, 9020 Klagenfurt
officecafe-vino.at

GASTHAUS PIRKER

Alteingesessenes, familiengeführtes Gasthaus, mit einer großen Auswahl unzähliger Kärntner Köstlichkeiten, im Herzen von Klagenfurt.

GASTHAUS PIRKER
Adlergasse 16, 9020 Klagenfurt
gasthaus.pirker@aon.at
www.gasthauspirker.at

KOCHWERKSTATT AM BENEDIKTINERMARKT

Im kulinarischen Herzen der Landeshauptstadt Klagenfurt am Benediktinermarkt befindet sich die Kochwerkstatt von Christian Cabalier.

KOCHWERKSTATT AM BENEDIKTINERMARKT
Benediktinerplatz, Stand 15–16
9020 Klagenfurt
christiancabalier@gmail.com

RESTAURANT BACCHUS

Mediterane Küche – vor allem Grillspezialitäten werden im Restaurant „Bacchus" mit ausgefallenen Ideen verfeinert und angeboten.

RESTAURANT BACCHUS
Waagplatz 3, 9020 Klagenfurt
info@bacchus-restaurant.org
www.bacchus-restaurant.org

GASTHOF SANDWIRT MARIA SAAL

Traditionsgasthaus in wunderschöner Lage gegenüber dem Dom. Zlatko Konec ist Meister der Saucen und Gewürze. Hausgemachte Nudeln!

GASTHOF SANDWIRT
Hauptplatz 5, 9063 Maria Saal
www.sandwirt.at

LOKALE 2019–2020 | LOCALI | LOKALI

DIE KOSTEREI

Italienisches Flair trifft hier auf Kärntner Charme. Geboten werden eine Auswahl guter Weine aus dem Alpen-Adria-Raum, Kozel Bier, feine Köstlichkeiten und italienischer Cafe.

DIE KOSTEREI
Osterwitzgasse 5, 9020 Klagenfurt
post@diekosterei.at
www.diekosterei.at

OSTERIA DAL CONTE

Typisch italienische Küche mit Pastaspezialitäten in verschiedensten Variationen werden in einer stimmungsvollen Atmosphäre serviert.

OSTERIA DAL CONTE
Tabakgasse 4, 9020 Klagenfurt
0463/57000
www.osteria-dal-conte.at

DOLCE VITA

Das Dolce Vita von Stephan Vadnjal, ein kleinens und feines Restaurant am Heuplatz, zählt seit Jahren zu den Top-Lokalen Klagenfurts.

DOLCE VITA AM HEUPLATZ
Heuplatz 2, 9020 Klagenfurt
restaurant.dolcevita@aon.at
www.dolce-vita.at

HAFENSTADT URBAN AREA

Hier trifft urbanes Design auf städtischen Lebensstil. Die Hafenstadt beherbergt außergewöhnliche Gastronomiekonzepte.

HAFENSTADT URBAN AREA
Villacher Str. 1, 9020 Klagenfurt
office@hafenstadt.at
www.hafenstadt.at

GASTHAUS IM LANDHAUSHOF

Im Landhaushof wird gepflegte österreichische Küche mit Kärntner und alpen-adriatischen Akzenten dargeboten.

GASTHAUS IM LANDHAUSHOF
Landhaushof 1, 9020 Klagenfurt
office@gasthaus-im-landhaushof.at
www.gasthaus-im-landhaushof.at

HOTEL RESTAURANT SANDWIRTH

Vegetarische, vegane, traditionelle sowie internationale Gerichte auf höchstem Niveau findet man im Restaurant Sandwirth.

HOTEL RESTAURANT SANDWIRTH
Pernhartgasse 9, 9020 Klagenfurt
hotel@sandwirth.at
www.sandwirth.at

LA BAITA

La Baita bietet Weine aus dem friulanischen Collio und eine typische Jause für eine genussvolle Zeit in einer vertrauten Umgebung.

LA BAITA
Postgasse 4, 9020 Klagenfurt
labaitaklagenfurt@gmail.com

OSTERIA VENETA

Die Osteria Veneta präsentiert sich als ein klassischer Italiener mit Herz, der seinen Gästen die guten alten Klassiker der Region Veneto kredenzt.

OSTERIA VENETA
Kardinalplatz 3, 9020 Klagenfurt
info@osteriaveneta.at
www.osteriaveneta.at

MARIQUITA

Nette Weinhandlung/Weinbar, in welcher die Weine in gemütlicher und zwangloser Atmosphäre auch probiert werden können.

MARIQUITA – WEIN CAFE SNACK BAR
Osterwitzgasse 8, 9020 Klagenfurt
office@wine4you2.com

PANIMA

Mit ehrlicher, gut bürgerlicher Küche – mit Hausmannskost aus Österreich und irischen Spezialitäten sorgt man im PaNiMa für Ihr leibliches Wohl.

PANIMA
Osterwitzgasse 6, 9020 Klagenfurt
wir@panima.at, www.panima.at

MITTAGSTISCH AM KARDINAL

Am Mittagstisch werden ausschließlich vor dem Wegwerfen bewahrte Lebensmittel verwendet. Das Konzept verbindet Sinnhaftigkeit und Genuss.

MITTAGSTISCH AM KARDINAL
Palais Ehrfeld, Kardinalplatz 1,
9020 Klagenfurt
hallo@mittagstisch-klagenfurt.at
www.mittagstisch-klagenfurt.at

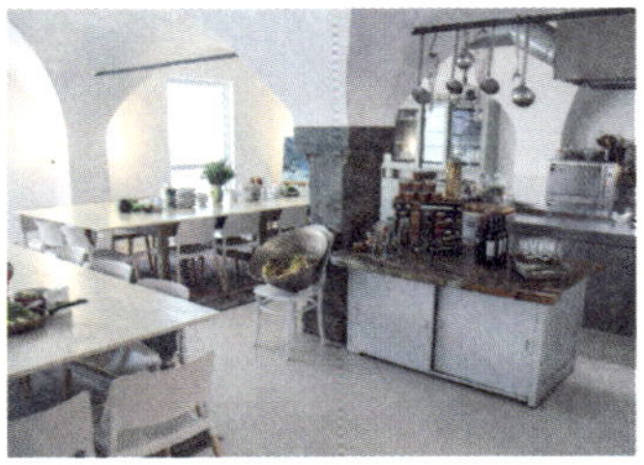

PRINCS

Gemütliches Lokal am Heuplatz mit italienisch-internationaler Küche.

PRINCS AM HEUPLATZ
Heuplatz 1, 9020 Klagenfurt
klagenfurt@princs.com

GENUSSWIRT IM SCHLOSS MAGEREGG

Im Schloss Mageregg wird zeitgemäß und im Wechsel der saisonalen Angebote gekocht. Viel Wert wird auf die Herkunft und die Qualität der Zutaten gelegt.

GENUSSWIRT IM SCHLOSS MAGEREGG
Mageregger Str. 175, 9020 Klagenfurt,
office@genusswirt-schlossmageregg.at
www.genusswirt-mageregg.at

RESTAURANT MARIA LORETTO

Es ist ein Ort, um sich zurückzulehnen, zu entspannen und sich dabei mit einer klassischen Genussküche mit mediterranen Aromen kulinarisch verwöhnen zu lassen.

RESTAURANT MARIA LORETTO
Lorettoweg 54, 9020 Klagenfurt
anfrage@restaurant-maria-loretto.at
www.restaurant-maria-loretto.at

LOKALE 2019–2020 | LOCALI | LOKALI

RESTAURANT LEITEN AM WEINGUT KARNBURG

Kulinarisches wie zu Omas Zeiten modern interpretiert mit Produkten aus der Umgebung mit wunderbarem Blick auf die Karawanken und das Klagenfurter Becken.

RESTAURANT LEITEN AM WEINGUT KARNBURG, Leiten 6, 9063 Klagenfurt
leiten@alpenspirit.eu
www.restaurant-leiten.at

RESTAURANT OSCAR

Das Oscar ist ein Ort für anspruchsvolle Genießer und ein beliebter Treff für den Businesslunch. Gekonnt kombiniert werden die österreichische und mediterrane Küche.

RESTAURANT OSCAR
St. Veiter Ring 43, 9020 Klagenfurt
oscar@a1business.at
www.restaurant-oscar.at

RESTAURANT SCHWEIZERHAUS

Eine Vielfalt von österreichischen Speisen, eine variantenreiche Naturküche und hausgemachte Mehlspeisen finden Sie im Restaurant Schweizerhaus.

RESTAURANT SCHWEIZERHAUS
Kreuzbergl 11, 9020 Klagenfurt
office@schweizerhaus.co.at
www.schweizerhaus.co.at

SCHLOSS MARIA LORETTO

Die Räumlichkeiten des Schlosses Loretto in der Ostbucht des Wörthersees bieten das passende Ambiente für Veranstaltungen aller Art an.

SCHLOSS MARIA LORETTO
Lorettoweg 52, 9020 Klagenfurt
doris.kaiser@kulterer.co.at
www.feinekuechekulterer.at

TAVERNAKEL

Das „Tavernakel" am Pfarrplatz verwöhnt seine Gäste mit geschmackvollen Getränken und vielen Leckereien aus besten regionalen und biologischen Produkten.

TAVERNAKEL
Pfarrplatz 17, 9020 Klagenfurt
dieburg@dieburg.at

WIRTSHAUS ZUM HEILIGEN JOSEF

In den geschichtsträchtigen Räumlichkeiten befindet sich einer der ältesten Gastronomiebetriebe der Stadt, wo man eine bodenständige und saisonale Küche genießen kann.

WIRTSHAUS ZUM HEILIGEN JOSEF
Osterwitzgasse 7, 9020 Klagenfurt
office@zum-heiligen-josef.at
www.zum-heiligen-josef.at

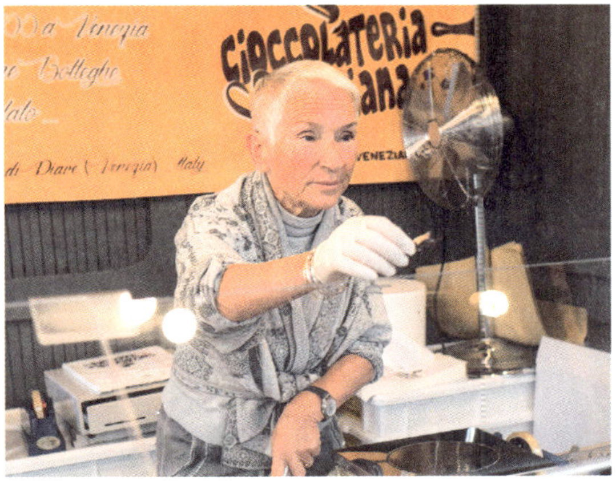

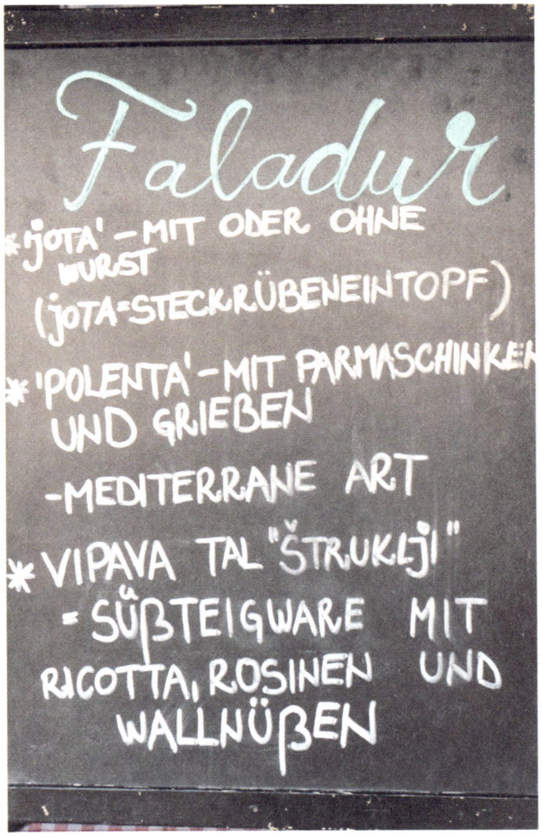
Faladur
*'JOTA' – MIT ODER OHNE WURST
(JOTA = STECKRÜBENEINTOPF)
*'POLENTA' – MIT PARMASCHINKEN UND GRIEBEN
-MEDITERRANE ART
*VIPAVA TAL "ŠTRUKLJI"
= SÜßTEIGWARE MIT RICOTTA, ROSINEN UND WALLNÜßEN

Geschmackshochzeit / Il matrimonio del gusto / Svatba okusov

Die Vermählung von Alpen und Adria / L'unione di Alpi e Adria / Poroka Alp in Jadrana

148 Seiten, gebunden, Lesebändchen,
Format 22,5 x 24 cm, bedruckter Vor- und Nachsatz
EUR 14,95

Mit den ‚Tagen der Alpen-Adria-Küche' kommt es zu einer Vermählung von Spitzengastronomie aus Slowenien, Friaul, Istrien und Kärnten. Der Standort wird erstmals genutzt, um Impulsgeber für eine grenzübergreifende, innovative Küche zu sein, in der die lokal gewachsenen Geschmäcker mit jenen, die von Reisen mitgebracht wurden, am Gaumen eine Hochzeit eingehen."

Wir sind mit den „Tagen der Alpen-Adria-Küche" eine Hoch-Zeit eingegangen.

Dabei begleiten uns die Verse des Dichters Milan Rúfus, der sich fragt, was denn ein Gedicht sei.

Auf den Tisch etwas Klares stellen, wie Brot / Oder Wasser. Oder / zwischen zwei Finger Salz. (...) Wenn die Forellen den Jordan heraufziehen werden, / keine Angel kaufen, doch wissen, daß der Fluß nicht nur / aus Fischen besteht. // Daß er um vieles mehr ist. / Wie das Gedicht mehr ist als Worte //

Wie in diesem Gedicht ist es doch auch mit den Speisen: In ihnen verbirgt sich mehr als bloß die Vermengung von Zutaten. Es geht doch nicht nur darum, Nahrung zu sich zu nehmen. Es geht darum, mit der den Gerichten innewohnenden Harmonie eins zu werden und durch das neu erlangte Wohlbefinden Kraft für Körper und Seele zu tanken. Die Kraft zur Meisterung des Alltages erwächst aus der Vollkommenheit des Zusammenwirkens vom Können der Köchinnen und Köche einerseits, und andererseits der Übersetzung der vorgefundenen Gegebenheiten, wie sie sich in der Strukturiertheit der Natur widerspiegeln und auf den Tellern zur Harmonie zwischen Speis und Mensch erweckt werden.

Diese Erkenntnis ist nicht neu. Neu ist, dass sie sich von der industriellen Lebensmittelproduktion abhebt und das Gefühl der Menschen nach gesunder Ernährung trifft. Das ist in unseren Breiten erst in den letzten Jahren derart ins Bewusstsein gerückt, dass es die Kulinarik revolutionierte.

Lojze Wieser: Geboren 1954, lebt als Verleger in Klagenfurt/Celovec und legt den Schwerpunkt seines Programms auf südosteuropäische Literatur. Die Reihe Europa erlesen und die Wieser Enzyklopädie des europäischen Ostens erreichten Kultstatus. Zuletzt erschienen: Im dreißigsten Jahr (wtb 30); ...und darin fliegt eine Schwalbe. Meine Lieblingsgedichte (Zweite erweiterte Auflage, wtb 15); Europa Erlesen Jubiläumsband Europa!

www.wieser-verlag.com